いのちの楽園《らくえん》

熊本《くまもと》サンクチュアリより

佐和みずえ

静山社

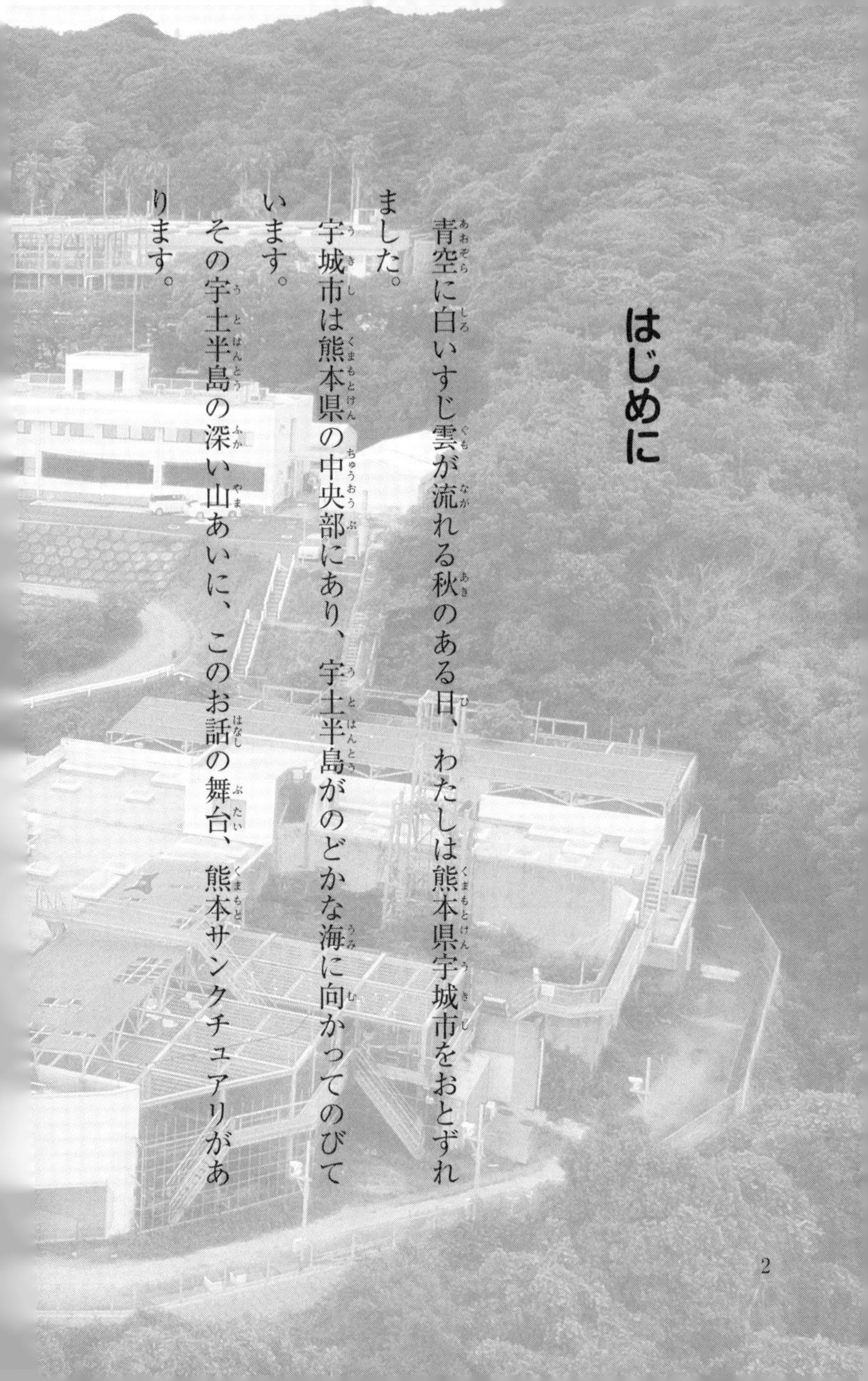

はじめに

青空《あおぞら》に白《しろ》いすじ雲《ぐも》が流《なが》れる秋《あき》のある日《ひ》、わたしは熊本県宇城市《くまもとけんうきし》をおとずれました。

宇城市《うきし》は熊本県《くまもとけん》の中央部《ちゅうおうぶ》にあり、宇土半島《うとはんとう》がのどかな海《うみ》に向《む》かってのびています。

その宇土半島《うとはんとう》の深《ふか》い山《やま》あいに、このお話《はなし》の舞台《ぶたい》、熊本《くまもと》サンクチュアリがあります。

はじめに

熊本《くまもと》サンクチュアリって、なにをするところ？

遊園地《ゆうえんち》？　イベントホール？　博物館《はくぶつかん》？　動物園《どうぶつえん》？

いいえ、そのどれでもありません。

サンクチュアリとは英語《えいご》で、避難所《ひなんじょ》とか、保護区域《ほごくいき》のことです。

熊本《くまもと》サンクチュアリは、チンパンジーの保護施設《ほごしせつ》なのです。

もくじ

1　はじめまして、キャンディーです

熊本《くまもと》サンクチュアリには、*現在《げんざい》、オスとメス合《あ》わせて四十九人《にん》のチンパンジーがいます。

えっ？　チンパンジーを数《かぞ》えるのに「人《にん》」を使《つか》うの？

はい、そうです。熊本《くまもと》サンクチュアリでは、チンパンジーへの親《した》しみをこめて、みんなを数《かぞ》えるときに「人《にん》」を使《つか》います。

それで、この本《ほん》でも「人《にん》」を用《もち》いることにします。

この四十九人《にん》は、三つの飼育棟《しいくとう》に分《わ》かれて、それぞれ十数人《すうにん》の集団《しゅうだん》でくらしています。

木の葉を食べるキャンディー

　みんなを代表《だいひょう》して、キャンディーを紹介《しょうかい》しましょう。

　キャンディーは、二〇一二年《ねん》の五月《がつ》十五日《にち》に、この施設《しせつ》にやってきました。キャンディーの年齢《ねんれい》はおよそ四十歳《さい》。チンパンジーの平均寿命《へいきんじゅみょう》も四十歳《さい》くらいですが、これは赤《あか》ちゃんチンパンジーの死亡率《しぼうりつ》が高《たか》いためで、それを考《かん》えると、けして、もうそろそろ寿命《じゅみょう》がつきるという年齢《ねんれい》ではありません。

＊2023年《ねん》10月《がつ》取材時《しゅざいじ》

そんなキャンディーの一日《いちにち》のようすを追《お》ってみましょう。

午前《ごぜん》八時《じ》。朝《あさ》ごはんの時間《じかん》です。

メニューは定番《ていばん》のバナナ。一週間《しゅうかん》に一度《ど》、八百屋《やおや》さんが配達《はいたつ》してくれる新鮮《しんせん》なものです。八百屋《やおや》さんは、バナナのほかにも、ミカン、リンゴ、ナシなどのフルーツ、キャベツ、キュウリ、トマト、レタス、ニンジンなど、さまざまな野菜《やさい》も配達《はいたつ》してくれます。

キャンディーの好物《こうぶつ》はカボチャとサツマイモです。生《なま》のままでもすきですが、ふかしたサツマイモはとくに大《だい》すき。あまくて、ホクホクしていて、みんなもすきかな？

朝《あさ》ごはんが終《お》わると、遊《あそ》びの時間《じかん》です。飼育棟《しいくとう》は屋内《おくない》、屋外《おくがい》、ともに出入《でい》り自由《じゆう》。朝《あさ》ごはんを終《お》えた仲間《なかま》たちは、屋内《おくない》に用意《ようい》されている毛布《もうふ》にくるまって、のんびりしたり、屋外《おくがい》で体《からだ》を寄《よ》せ合《あ》って、おたがいに毛《け》づくろいしたりしています。

今日《きょう》のキャンディーは屋外《おくがい》に出《で》て、草木《くさき》の小枝《こえだ》でなにやらつくりはじめました。小枝《こえだ》を折《お》って、重《かさ》ねて、また折《お》って、また重《かさ》ねて……。つくっているのは、ベッドです！

野生《やせい》のチンパンジーは草木《くさき》を折《お》り倒《たお》して、ベッドをつくり、そこでねむる習性《しゅうせい》があります。

キャンディーがくらすのは野生《やせい》の森《もり》ではありませんが、上手《じょうず》にベッドをつくれるのです。

まだ日本《にほん》に来《く》る前《まえ》の子《こ》どものころ、アフリカの森《もり》でお母《かあ》さんがベッ

仲間と自由にすごします

ドをつくるのを見《み》ていたのかな？

手《て》づくりベッドでひとやすみ……と思《おも》っていたら、飼育《しいく》スタッフが大《おお》きなダンボールの箱《はこ》をかかえてきました。

「よいしょ、よいしょ」

あ、今日《きょう》は水曜日《すいようび》！　宅急便《たっきゅうびん》の日《ひ》です！　おいしいものが、ダンボールにどっさり入《はい》って届《とど》くのです。

今日《きょう》はなにかな？　なにかな？

みんなが集《あつ》まってきました。

くんくん、くんくん。こうばしいにおいがします。

仲間《なかま》たちとふたを開《あ》けると、なんと、みんなの大好物《だいこうぶつ》のピーナッツでした！

みんな、われさきにと夢中《むちゅう》になって、ピーナッツを食《た》べはじめました。

「福袋」もお楽しみのひとつ（写真は仲間のひとり、ホープ）

チンパンジーは高度《こうど》な知能《ちのう》を持《も》ついきものです。喜《よろこ》び、怒《いか》り、悲《かな》しみなどの感情《かんじょう》はもちろん、ときにはたいくつを感《かん》じることもあります。

そんなチンパンジーたちに楽《たの》しい刺《し》激《げき》を、というわけで、飼育《しいく》スタッフがアイデアを出《だ》し合《あ》った結果《けっか》、水曜日《すいようび》の「宅急便《たっきゅうびん》」がはじまりました。

お楽《たの》しみは水曜日《すいようび》だけではありません。月曜日《げつようび》から土曜日《どようび》まで、毎日《まいにち》、なにかしらのお楽《たの》しみが用意《ようい》されています。

たとえば、ミカン探《さが》し。あらかじめ

消防ホースの中にあるかな？

ミカンをかくしておいて、チンパンジーたちに探《さが》させるのです。

運動場《うんどうじょう》には遊《あそ》びのおもちゃとして、消防《しょうぼう》ホースが張《は》りめぐらされたり、長靴《ながぐつ》が置《お》かれたりしています。

そう、今日《きょう》のかくし場所《ばしょ》はここ。

うまく見《み》つけたら、もうこっちのもの！　皮《かわ》のまま、まるごとペロリです。

さっさと見《み》つける子《こ》、なかなか見《み》つけられない子《こ》……。これは人間《にんげん》と同《おな》じ、それぞれの個性《こせい》です。

ハチミツ探《さが》し。これもお楽《たの》しみのひとつです。

ハチミツといえば、森《もり》のクマを思《おも》いうかべる人《ひと》もいるでしょうが、チンパンジーもハチミツが大《だい》すきです。

かくし場所《ばしょ》は木《き》の穴《あな》や土《つち》の中《なか》。

「さあて、どこかな？」

キャンディーは小枝《こえだ》を手《て》にして、あたりをキョロキョロ。

あ、あった！

キャンディーは木《き》の穴《あな》に小枝《こえだ》をつっこみ、それを引《ひ》きぬきます。すると、そこにハチミツがついてくるというわけです。

チンパンジーは器用《きよう》に道具《どうぐ》を使《つか》います。イギリスの動物行動学者《どうぶつこうどうがくしゃ》ジェーン・グドールの報告《ほうこく》によると、およそ三十種類《しゅるい》の道具《どうぐ》を使《つか》いこなすそうです。

たとえば石器《せっき》を使《つか》ってナッツを割《わ》ったり、草《くさ》の茎《くき》で白《しろ》アリをつったり、葉《は》っぱのナプキンで汚《よご》れた体《からだ》をふいたり。森《もり》で手《て》に入《はい》るさまざまなものを道《どう》具《ぐ》にするのです。

「オッオッ」

「フワッフワッ」

おやおや、ハチミツの場所取《ばしょと》りをめぐって、仲間《なかま》がケンカをはじめたようです。

仲間《なかま》と集団《しゅうだん》でくらすチンパンジーにとって、ケンカはいつものこと。ケンカして、仲直《なかなお》りして、またケンカして。きのうは取《と》っ組《く》み合《あ》いをしたけど、今日《きょう》は毛《け》づくろいをしあって……。そんな毎日《まいにち》なのです。

けれども、なにごとにもマイペースのキャンディーは、仲間《なかま》のケンカに頭《あたま》をつっこむことはありません。

と思《おも》ったら、おっと、

「オッオッ」

キャンディーが怒《いか》りの声《こえ》を発《はっ》しました。ハチミツのついた小枝《こえだ》を仲間《なかま》にうばわれたのです。いったん怒《おこ》るとしつこいキャンディー。小枝《こえだ》を取《と》り返《かえ》すまで、どこまでも追《お》いかけます。

だれだって、おいしいものには目《め》がありませんものね。

夕日《ゆうひ》が落《お》ちて、海《うみ》があかね色《いろ》にそまるころ。

「夕《ゆう》ごはんだよ！」

飼育《しいく》スタッフの声《こえ》がひびきます。

朝《あさ》ごはんはバナナと決《き》まっていますが、夕《ゆう》ごはんはバラエティー豊《ゆた》かです。

今夜《こんや》はなにかな？

「ほーら、大《だい》すきなものだよ」

おっ、カボチャだ！

「ヒャッヒャッヒャッ」

楽《たの》しいとき、うれしいときの声《こえ》をあげながら、みんなで飼育員《しいくいん》を取《と》りかこみます。キャンディーも一個《こ》まるごと、カボチャを受《う》け取《と》りました。

野生《やせい》のチンパンジーのおもな食《た》べ物《もの》は、果実《かじつ》と葉《は》っぱ。ほかには虫《むし》や小動物《しょうどうぶつ》も食《た》べる雑食性《ざっしょくせい》です。

熊本《くまもと》サンクチュアリでは、この食性《しょくせい》に合《あ》わせ、おもな食事《しょくじ》はフルーツと野菜《やさい》にしています。また、肉《にく》のかわりに、人工飼料《じんこうしりょう》もあげています。人工飼料《じんこうしりょう》にはタンパク質《しつ》、フルーツには糖分《とうぶん》、ビタミンC《シー》、野菜《やさい》にはビタミンのほかミネラルなどの栄養分《えいようぶん》がたっぷり。もちろん、カボチャもそうです。

固《かた》い皮《かわ》もなんのその、キャンディーはカボチャにかぶりつきました。

午後《ごご》六時《じ》。あたりが暗《くら》くなり、そろそろお休《やす》みタイムです。

といっても、朝《あさ》までスヤスヤというわけではありません。ねむったり、また起《お》きたり、そのくりかえしです。

動物《どうぶつ》には天敵《てんてき》がつきものです。天敵《てんてき》とは、命《いのち》をおびやかす存在《そんざい》のこと。たとえば、野《の》ネズミの天敵《てんてき》はヘビ、ハイエナの天敵《てんてき》はライオン、ウサギの天敵《てんてき》はフクロウなどです。

動物《どうぶつ》たちは天敵《てんてき》の攻撃《こうげき》に備《そな》えて、寝《ね》たり起《お》きたりするというわけです。

じゃあ、チンパンジーも天敵《てんてき》を警戒《けいかい》しているのでしょうか?

チンパンジーにも、ヒョウやヘビなど、天敵《てんてき》がいないわけではありません。けれども、野生《やせい》のチンパンジーが天敵《てんてき》に襲《おそ》われて死《し》ぬことは、とてもめずらしく、まずありえないのだそうです。

じつは、チンパンジーが寝《ね》たり起《お》きたりする理由《りゆう》は、まだよくわかっていません。

ベッドでねむるようす。写真はサンゾウ（2021 年没）

キャンディーは麻《あさ》の毛布《もうふ》にくるまり、横《よこ》になりました。

うとうと、うとうと……。

チンパンジーも夢《ゆめ》を見《み》るのでしょうか？　見《み》るとしたら、どんな夢《ゆめ》？

ふるさとアフリカの森《もり》の夢《ゆめ》かな？

2 キャンディー、なぜここに来《き》たの？

キャンディーは一九七〇年代《ねんだい》の終《お》わりごろ、ふるさとのアフリカをはなれ、日本《にほん》にやってきました。

その過程《かてい》は残酷《ざんこく》なものでした。「チンパンジーの子《こ》どもはお金《かね》になる」という理由《りゆう》で、親兄弟《おやきょうだい》を殺《ころ》され、ひとりきりになったところを生《い》け捕《ど》りにされたのです。

なぜチンパンジーの子《こ》どもがお金《かね》になったのかというと、それを必要《ひつよう》とする人《ひと》たちがいたからです。

まず、動物園《どうぶつえん》やサーカスなどの娯楽施設《ごらくしせつ》に、また当時《とうじ》はテレビや映画《えいが》でも、チンパンジーの子《こ》どもは大人気《だいにんき》でした。

たとえば、もうむかしのことですが、ロンドンの動物園《どうぶつえん》では、来園者《らいえんしゃ》をもてなすために、チンパンジーのティーパーティが開《ひら》かれ、これが大人気《だいにんき》だったそうです。

こうして、多《おお》くのチンパンジーの子《こ》どもが生《い》け捕《ど》られ、世界《せかい》の文明各国《ぶんめいかっこく》に送《おく》られていきました。

それでは、キャンディーも、どこかの動物園《どうぶつえん》に？

いいえ、キャンディーの行《い》き先《さき》は動物園《どうぶつえん》ではありませんでした。

製薬会社《せいやくがいしゃ》の研究施設《けんきゅうしせつ》。そこがキャンディーの行《い》き先《さき》でした。

チンパンジーは娯楽《ごらく》のためばかりでなく、研究《けんきゅう》、実験《じっけん》のためにも必要《ひつよう》とされたのです。

その日以来《ひいらい》、キャンディーは医学《いがく》のための実験用動物《じっけんようどうぶつ》として、畳《たたみ》一枚分《まいぶん》のせまいケージの中《なか》でくらすようになりました。

この研究施設《けんきゅうしせつ》では、C型肝炎《シーがたかんえん》の研究《けんきゅう》をしていました。

C型肝炎《シーがたかんえん》とは、ウィルスの感染《かんせん》によって起《お》こる肝臓《かんぞう》の病気《びょうき》です。放《ほう》っておくと、最悪《さいあく》の場合《ばあい》、ガンなどの重大《じゅうだい》な病気《びょうき》になることもあります。

チンパンジーは遺伝的《いでんてき》に人間《にんげん》に近《ちか》いので、マウスやほかのサルでは感染《かんせん》しないC型肝炎《シーがたかんえん》にかかります。

そこに着目《ちゃくもく》して、チンパンジーにウィルスを接種《せっしゅ》し、C型肝炎《シーがたかんえん》の治療《ちりょう》の研究《けんきゅう》を行《おこな》ったのです。

その結果《けっか》、かつては人間《にんげん》にとって不治《ふじ》の病《やまい》だったC型肝炎《シーがたかんえん》は、薬《くすり》で克服《こくふく》できる病気《びょうき》となりました。

そして、一九七三年《ねん》、絶滅《ぜつめつ》のおそれのある野生動物《やせいどうぶつ》の取引《とりひき》を規制《きせい》するワシ

熊本サンクチュアリにやってきたばかりのころのキャンディー

ントン条約《じょうやく》が採択《さいたく》され、チンパンジーも保護《ほご》の対象《たいしょう》となりました。日《に》本政府《ほんせいふ》も七年後《ねんご》、この条約《じょうやく》に同意《どうい》しました。

それで、二〇一二年《ねん》五月《がつ》一五日《にち》、実験動物《じっけんどうぶつ》としての役割《やくわり》を終《お》えたキャンディーは、余生《よせい》をしずかに安《やす》らかに送《おく》れるようにと、ここ熊本《くまもと》サンクチュアリにやってきたのです。

実験施設《じっけんしせつ》にいたころ、キャンディーのはだはまっ白《しろ》でした。

ふつうなら、チンパンジーはおとなになると黒《くろ》くなっていきますが、三十年《ねん》も太陽《たいよう》の光《ひかり》を浴《あ》びていないキャンディーのはだは、白《しろ》いままだったのです。また、運動《うんどう》もしていなかったので、全身《ぜんしん》が脂肪《しぼう》でぷよぷよしていました。キャンディーは熊本《くまもと》サンクチュアリに来《き》て数日後《すうじつご》、ゆっくりと外《そと》に出《で》ていきました。太陽《たいよう》を見《み》るのはアフリカ以来《いらい》でした。土《つち》にふれるのもアフリカ以来《らい》だったでしょう。

キャンディーは
ゆっくりと外へ……

キャンディーは地面《じめん》に降《お》り立《た》つと、草《くさ》むらの中《なか》でベッドをつくりはじめました。むかし、お母《かあ》さんチンパンジーがつくるのを見《み》て、学習《がくしゅう》していたのでしょうか。

三十年《ねん》も太陽《たいよう》の光《ひかり》を知《し》らず、白《しろ》い

キャンディーはベッドを
つくりはじめました

はだのキャンディーが、ベッドづくりをわすれていなかったことに、スタッフ一同《いちどう》はおどろきました。そして、いじらしくさえ思《おも》え、感動《かんどう》しました。

翌日《よくじつ》から、キャンディーは、毎日《まいにち》のように外《そと》に出《で》ました。高《たか》いところにも、少《すこ》しずつ登《のぼ》るようになりました。太陽《たいよう》の光《ひかり》を浴《あ》びて、はだの色《いろ》もチンパンジーらしく、だんだん黒《くろ》くなっていきました。

一か月《げつ》ほどして、ほかのチンパンジーと顔合《かおあ》わせをしました。顔合《かおあ》わせは、フェンスや格子《こうし》ごしに行《おこな》います。

ブラックとなかよくならんですわるキャンディー

キャンディーはちゃんとチンパンジーのあいさつができ、社会性《しゃかいせい》に問題《もんだい》はないということで、オスのチンパンジーのブラックと同居《どうきょ》させてみました。

すると、キャンディーはすぐにブラックにだきつき、飼育《しいく》スタッフをおどろかせました。

ふつうは、初《はじ》めての同居《どうきょ》で、いきなりだきつくことなどありません。

キャンディーは、仲間《なかま》にふれたかったのでしょうか。

これまで仲間《なかま》のだれにもふれず、だれからもふれられず、ひとりぼっちで生《い》きてきたキャンディーです。

だきつかれたブラックはおどろきながらも、キャンディーを受《う》け入《い》れ、ふたりは長《なが》い間《あいだ》、毛《け》づくろいをしました。

ふたりのようすを見守《みまも》るスタッフたちの胸《むね》は、「キャンディーはもうひとりぼっちじゃない」という思《おも》いに熱《あつ》くなりました。

ブラックとのふれあいから、キャンディーの仲間《なかま》はふえていき、「仲間《なかま》とくらす生活《せいかつ》」がスタートしました。

仲間《なかま》たちとのくらしは楽《たの》しそうではありましたが、それまでひとりで生《い》きてきたキャンディーは、そのせいか、どちらかというと、気《き》ままにひとりですごすのをこのむタイプのようです。

それは、仲間《なかま》と毛《け》づくろいしようと思《おも》えばいつでもできるし、遊《あそ》ぼうと思《おも》えばいつでも遊《あそ》べる、という安心感《あんしんかん》にささえられてのことなのでしょう。

熊本《くまもと》サンクチュアリに来《く》るまで、キャンディーに選択肢《せんたくし》はありませんでした。

飼育《しいく》スタッフがベッド用《よう》の枝《えだ》や草《くさ》をあげたり、運動場《うんどうじょう》に食《た》べ物《もの》をかくしたりするのも、チンパンジーたちの選択肢《せんたくし》をふやす作業《さぎょう》なのです。

スタッフが整《ととの》えた環境《かんきょう》の中《なか》で、どう生《い》きるか。それを選《えら》び取《と》るのはキャンディー自身《じしん》なのです。

3　チンパンジーと動物実験《どうぶつじっけん》

みんな、チンパンジーを見《み》たことはありますよね？

動物園《どうぶつえん》やステージで。それから、テレビで、人間《にんげん》の子《こ》どものように服《ふく》を着《き》て、自転車《じてんしゃ》を器用《きよう》に乗《の》りこなしている姿《すがた》などを、見《み》たこともあるかもしれません。

チンパンジーは、社会性《しゃかいせい》や豊《ゆた》かな感情《かんじょう》、道具《どうぐ》を使《つか》う能力《のうりょく》など、人間《にんげん》と似《に》たところがあり、そのために、いろいろな場面《ばめん》で人間《にんげん》のようにあつかわれてきました。

雑食性で野菜も好物（上の写真で手にしているのはカボチャ）

それほど身近《みぢか》な動物《どうぶつ》ですが、その本来《ほんらい》の姿《すがた》については、チンパンジーの研究者《けんきゅうしゃ》か、よほどチンパンジーをすきな人以外《ひといがい》、知《し》らないのではないでしょうか。

チンパンジーは、哺乳綱霊長目《ほにゅうもうれいちょうもく》ヒト科《か》チンパンジー属《ぞく》に分類《ぶんるい》される類人猿《るいじんえん》です。

雑食性《ざっしょくせい》で、寿命《じゅみょう》は四十年《ねん》ほど。なかには七十九歳《さい》の長寿《ちょうじゅ》をまっとうしたチンパンジーの記録《きろく》もあります。

『種《しゅ》の起源《きげん》』という本《ほん》を書《か》いたダーウィンは、『人間《にんげん》の由来《ゆらい》』で、チンパンジーと人間《にんげん》は、同《おな》じ祖先《そせん》から分《わ》かれたと言《い》っています。

その後《ご》、さまざまな研究者《けんきゅうしゃ》によって、チンパンジーは、わたしたち人間《にんげん》にもっとも近《ちか》い動物《どうぶつ》であることがわかりました。これは、人間《にんげん》とチンパンジーの遺伝子《いでんし》に多《おお》くの一致《いっち》があることからもわかります。

熊本《くまもと》サンクチュアリのウェブサイトにも、「ヒトとチンパンジーは、およそ五百万年前《まんねんまえ》に枝分《えだわ》かれして、現在《げんざい》のようになっていった」と書《か》いてあります。

「五百万年前《まんねんまえ》というと、途方《とほう》もなく昔《むかし》のことのように聞《き》こえるかもしれませんが、生命《せいめい》が誕生《たんじょう》してからの約《やく》四十億年間《おくねんかん》では、つい最近《さいきん》のこと」とも。

人間《にんげん》とチンパンジーのこの大《おお》きな類似点《るいじてん》ゆえに、チンパンジーは医学実験《いがくじっけん》

仲間といっしょに食事をとるようす

に用《もち》いられてきたのです。

医学実験《いがくじっけん》の歴史《れきし》の始《はじ》まりは、紀元《きげん》前《ぜん》三〇〇年《ねん》ごろです。

エジプトの都市《とし》、アレクサンドリアにあった医学校《いがっこう》で、エラシストラトスという人《ひと》が、生《い》きた動物《どうぶつ》を使《つか》って実験《じっけん》をしたとされています。

それ以来《いらい》、人間《にんげん》は、動物《どうぶつ》の犠牲《ぎせい》の上《うえ》に医学実験《いがくじっけん》を重《かさ》ねてきました。

なんのためでしょう？

日本生理学会《にほんせいりがっかい》は、「生命現象《せいめいげんしょう》の理《り》

解《かい》のため」また「病気《びょうき》の原因《げんいん》とメカニズムの解明《かいめい》のため」と答《こた》えています。

以下《いか》、日本生理学会《にほんせいりがっかい》の「動物実験《どうぶつじっけん》について」を参考《さんこう》にして、動物実験《どうぶつじっけん》の現状《げんじょう》と意義《いぎ》について考《かんが》えていきたいと思《おも》います。

人間《にんげん》は誕生《たんじょう》以来《いらい》、あらゆる病気《びょうき》とたたかってきました。なおるようになった病気《びょうき》もあれば、まだなおらない病気《びょうき》もあります。

そういう病気《びょうき》をなおすためには、まず病気《びょうき》の原因《げんいん》を調《しら》べる必要《ひつよう》があります。また、その病気《びょうき》の特効薬《とっこうやく》ができたとして、その薬《くすり》がどのように人間《にんげん》に作用《さよう》するか、副作用《ふくさよう》はないかを調《しら》べる必要《ひつよう》もあります。

そういうとき、人間《にんげん》を用《もち》いた研究《けんきゅう》や試験《しけん》も行《おこな》われますが、人間《にんげん》を用《もち》いるには限界《げんかい》があります。それで、動物《どうぶつ》が用《もち》いられるのです。

そんなのひどい、と思《おも》う人《ひと》もいるかもしれませんが、人間《にんげん》は動物《どうぶつ》を犠牲《ぎせい》にして生《い》きてきました。動物実験《どうぶつじっけん》は、わたしたちが肉《にく》や魚《さかな》を食《た》べて生《い》きているのと同《おな》じ理由《りゆう》で、必要《ひつよう》なことなのです。

動物実験《どうぶつじっけん》によって克服《こくふく》された病気《びょうき》は、いろいろあります。ビタミンの不足《ふそく》による欠乏症《けつぼうしょう》、細菌感染症《さいきんかんせんしょう》、糖尿病《とうにょうびょう》、天然痘《てんねんとう》、腎臓病《じんぞうびょう》、ペースメーカーの必要《ひつよう》な心臓病《しんぞうびょう》……。

こうして数《かぞ》えていくと、動物実験《どうぶつじっけん》にたよらずに治療方法《ちりょうほうほう》の確立《かくりつ》した病気《びょうき》などない、と言《い》ってもよいほどです。

では、実験《じっけん》には、どんな生《い》き物《もの》が使《つか》われているのでしょう。ショウジョウバエ、魚類《ぎょるい》、そしてラット（大型《おおがた》のネズミ）、マウス（小型《こがた》のネズミ）、イヌ、ネコ、サルなどの哺乳類《ほにゅうるい》。ラットとマウスが九〇パーセントをしめ、イヌ、ネコ、サルは全体《ぜんたい》の一パーセントです。

動物《どうぶつ》のほとんどは、研究用《けんきゅうよう》に飼育《しいく》された動物《どうぶつ》を業者《ぎょうしゃ》から購入《こうにゅう》して用《もち》いますが、むかしは、イヌ、ネコ、サルは殺処分《さつしょぶん》になるものの一部《いちぶ》を合法的《ごうほうてき》にゆずり受《う》けて用《もち》いることもあったようです。

けれども、実験《じっけん》に使《つか》われる動物《どうぶつ》は、清潔《せいけつ》な環境《かんきょう》で育《そだ》ったものでなければなりません。それで、現在《げんざい》では保健所《ほけんじょ》などからのはらいさげの動物《どうぶつ》を使用《しよう》することはありません。

かつては、エイズや肝炎《かんえん》などの感染症《かんせんしょう》の原因究明《げんいんきゅうめい》、ワクチン開発《かいはつ》など、治療《ちりょう》、予防法《よぼうほう》の研究《けんきゅう》のために霊長類《れいちょうるい》は欠《か》かすことができませんでした。

霊長類《れいちょうるい》ばかりでなく、動物全般《どうぶつぜんぱん》について、実験《じっけん》に使《つか》われるのはかわいそうだという声《こえ》があります。

たしかに胸《むね》がいたみますね。

しかし、研究者《けんきゅうしゃ》の立場《たちば》に立《た》てば、実験用《じっけんよう》の動物《どうぶつ》はなくてはならない存在《そんざい》で、安定《あんてい》して供給《きょうきゅう》されなければなりません。

愛《あい》くるしい動物《どうぶつ》を実験《じっけん》に使《つか》うとき、殺《ころ》さなければならないとき、研究者《けんきゅうしゃ》の心《こころ》も苦《くる》しんでいることでしょう。

そこで、動物《どうぶつ》の側《がわ》と人間《にんげん》の側《がわ》を考慮《こうりょ》して、一九七三年《ねん》に法律《ほうりつ》が制定《せいてい》され、これが一九九九年《ねん》に「動物愛護管理法《どうぶつあいごかんりほう》」となりました。

また、これに基《もと》づき、「実験動物《じっけんどうぶつ》の飼養及《しようおよ》び保管並《ほかんなら》びに苦痛《くつう》の軽減《けいげん》に関《かん》する基準《きじゅん》」が定《さだ》められ、その後《ご》、文部科学省《もんぶかがくしょう》の指導《しどう》のもと、大学《だいがく》や研究機関《けんきゅうきかん》が動物実験《どうぶつじっけん》のための委員会《いいんかい》を設置《せっち》しました。

これによって、動物実験施設《どうぶつじっけんしせつ》も整備《せいび》され、動物《どうぶつ》のためのよりよい環境《かんきょう》を考《かんが》えた飼育《しいく》、管理《かんり》がなされるようになりました。

しかし、現在《げんざい》でも、まだまだ飼育《しいく》スペースの問題《もんだい》など、課題《かだい》はたくさんあるようです。

人間《にんげん》が生《い》きていくことが、動物《どうぶつ》の犠牲《ぎせい》の上《うえ》に成《な》り立《た》っていることは、言《い》う

ケージから出て広い空間に
とまどうキャンディー

までもありません。

スーパーに買《か》い物《もの》に行《い》けば、パックされた動物《どうぶつ》の肉《にく》を見《み》るでしょう。それらはどれも、動物《どうぶつ》たちの尊《とうと》い犠《ぎ》牲《せい》なのです。

重《おも》い病気《びょうき》になったら、必要《ひつよう》な治《ち》療《りょう》を受《う》けたいし、おいしい肉《にく》も食《た》べたいけれど、実験《じっけん》に動物《どうぶつ》を用《もち》いることはやめてほしい、というのは両立《りょうりつ》しません。

病気《びょうき》になっても治療《ちりょう》を受《う》けず、薬《くすり》も飲《の》まず、自然《しぜん》のまま死《し》にたい、と思《おも》う人《ひと》もいるかもしれませんが、大多数《だいたすう》の人《ひと》は、治療《ちりょう》をしてほしいと願《ねが》うでしょう。

自分《じぶん》が当事者《とうじしゃ》でなくても、たとえば愛《あい》する人《ひと》が病気《びょうき》にかかれば、治療《ちりょう》をしてあげたいと思《おも》うでしょう。

そのためには、動物実験《どうぶつじっけん》という科学的手段《かがくてきしゅだん》をつくして病気《びょうき》を解明《かいめい》し、治《ち》療法《りょうほう》を開発《かいはつ》しなければなりません。

ここまで動物実験《どうぶつじっけん》の必要性《ひつようせい》や意義《いぎ》について語《かた》ってきましたが、まだまだ語《かた》りつくせません。

人間《にんげん》は、動物《どうぶつ》の犠牲《ぎせい》の上《うえ》に生《い》きています。だからこそ、顔《かお》をそむけず、人《にん》間《げん》と動物《どうぶつ》とのかかわりについて、みなさんにも考《かんが》えてほしいと思《おも》います。簡単《かんたん》に答《こた》えられない問題《もんだい》ではありますが、ともに考《かんが》えていきましょう。

4 仲間《なかま》たち

熊本《くまもと》サンクチュアリのチンパンジーたちには、それぞれ名前《なまえ》があります。けして番号《ばんごう》で呼《よ》ばれることはありません。ひとりひとりの人格《じんかく》（チンパンジー格《かく》？）を尊重《そんちょう》して、名前《なまえ》がつけられているのです。

そのうちの何人《なんにん》かを紹介《しょうかい》しましょう。

サイは女性陣一《じょせいじんいち》の最強《さいきょう》おばちゃんです。そして、男性陣顔負《だんせいじんかおま》けの仕切《しき》り屋《や》。

わたしが一番《いちばん》！

そんな自信満々《じしんまんまん》の顔《かお》をしています。

え？　チンパンジーの顔《かお》はどれも同《おな》じ？

そんなことはありません。人間《にんげん》の顔《かお》がひとりひとりちがうように、チンパンジーの顔《かお》もちがいます。

女性陣最強のサイ

熊本《くまもと》サンクチュアリのスタッフたちは、ひとりひとりの顔《かお》を見分《みわ》け、それぞれにふさわしい名前《なまえ》をつけているのです。
おっと、話《はなし》がそれました。話《はなし》をサイのことにもどしましょう。
サイは強《つよ》く、それ以上《いじょう》にかしこい

いちばんモテるのはアキナ

チンパンジーです。日《ひ》がわりイベントの「ジュースなめ」が大《だい》すきで、その日《ひ》はジュースをなめるための棒《ぼう》をちゃんと自分《じぶん》で用意《ようい》して、時間《じかん》になるのを待《ま》っているほどです。

ジュースが届《とど》くと、ジュースの容《よう》器《き》に棒《ぼう》を差《さ》しこみ、したたり落《お》ちてくるジュースを一滴残《てきのこ》さずなめます。

アキナはケンカ上等《じょうとう》。気《き》が強《つよ》く、だれとでもケンカしますが、じつは男性《だんせい》陣《じん》にモテモテ。

カモン！

とばかりに自信満々《じしんまんまん》の姿《すがた》を見《み》せると、男性陣《だんせいじん》はメロメロです。

＊クミコはまわりを気《き》づかう気弱《きよわ》な性格《せいかく》。

むかしはけっこう強気《つよき》なタイプだったのですが、年《とし》をとるにつれて周囲《しゅうい》の空気《くうき》を読《よ》むようになり、ときどき読《よ》みすぎて、おいしいものにありつくチャンスをのがしています。

楽《たの》しいミカン探《さが》しのときなど、

「お先《さき》にどうぞ」

と、周囲《しゅうい》に気配《きくば》りして、仲間《なかま》にミカンを食《た》べられてしまうこともあります。

男性陣《だんせいじん》を見《み》てみましょう。

ムサシとショウボウはキャンディーと同《おな》じ研究施設《けんきゅうしせつ》から、ここ熊本《くまもと》サン

＊2023年《ねん》の秋《あき》にC型肝炎《がたかんえん》の投薬治療《とうやくちりょう》を完了《かんりょう》していたクミコでしたが、2024年《ねん》5月《がつ》26日《にち》、肝腫瘍《かんしゅよう》により死亡《しぼう》しました

手前が、みんなのなかでいちばん“強い”（？）ムサシ

クチュアリに来《き》ました。

体《からだ》つきは細《ほそ》めですが、仲間《なかま》のなかで自分《じぶん》は最強《さいきょう》だと信《しん》じきっているムサシ。仲間《なかま》の背後《はいご》に無言《むごん》で忍《しの》び寄《よ》り、最後《さいご》には相手《あいて》の足《あし》をすくい、一本勝《いっぽんが》ち！

そんなムサシのいちばんの友《とも》だちがショウボウ。

ショウボウは、ここでくらしはじめたころは、まるでガラス細工《ざいく》のようなハートの持《も》ち主《ぬし》でしたが、仲間《なかま》たちとくらすうちに、その楽《たの》しさを知《し》ったようです。

仲間《なかま》とよく遊《あそ》び、くすぐられたときなど、

「ハッハッハッ」

と、大声《おおごえ》で笑《わら》います。

ショウボウはムサシをたよりにし、ムサシもまたショウボウをたよりにしています。ふたりはまるでなかよし兄弟《きょうだい》なのです。


だれにでもやさしい紳士《しんし》はユキオ。

仲間《なかま》の間《あいだ》でケンカがはじまり、どちらかに助《たす》けを求《もと》められると、

「よせよせ」

と、間《あいだ》に立《た》ちはだかり、味方《みかた》になってくれます。

ケンカに負《ま》けた仲間《なかま》を、だきよせてなぐさめることも。もちろん、新入《しんい》りにもやさしく、とっても広《ひろ》い心《こころ》の持《も》ち主《ぬし》なのです。

人気者のススム。ひとりひとり顔も性格もちがいます

人間《にんげん》もそうだと思《おも》いますが、相手《あいて》に強《つよ》く出《で》るということは、じつは心《こころ》の中《なか》では相手《あいて》をおそれていることになります。逆《ぎゃく》に相手《あいて》にやさしくできるということは、ほんとうの意味《いみ》の強《つよ》さではないでしょうか。

さてさて、男性陣一《だんせいじんいち》の人気者《にんきもの》はススムです。

だれとでもなかよくでき、よく仲《なか》間《ま》と毛《け》づくろいしています。

人間《にんげん》にもいろいろな人《ひと》がいるように、チンパンジーにも性格《せいかく》のちがいがあるのです。
大勢《おおぜい》の仲間《なかま》とわいわいするのがすき、ひとりでいるのがすきなど、個性《こせい》は
さまざま。
ススムは大勢《おおぜい》の仲間《なかま》と遊《あそ》ぶのがすきですが、じつはちょっといたずらずき
な一面《いちめん》も。
だれかが背中《せなか》を向《む》けた瞬間《しゅんかん》、
「チャンス！」
と、足《あし》をすくうこともあります。
もちろん、やった相手《あいて》から、お返《かえ》しのパンチをくらうこともありますけど！
代表《だいひょう》して七人《にん》のゆかいなチンパンジーを紹介《しょうかい》しましたが、そんなみんなに
共通《きょうつう》していることがあります。

何十年《なんじゅうねん》もの間《あいだ》、医学実験用《いがくじっけんよう》のチンパンジーとして、研究施設《けんきゅうしせつ》のケージの中《なか》で生《い》きてきたことです。

サイもアキナもクミコも、ムサシ、ショウボウ、ユキオも、そしてほかの仲間《なかま》たちも……。

5 スタッフ紹介《しょうかい》

「おはようございます！」

「やあ、おはよう！」

午前《ごぜん》八時《じ》ごろ、事務所《じむしょ》に元気《げんき》なあいさつの声《こえ》がひびきわたります。

熊本《くまもと》サンクチュアリのスタッフたちが出勤《しゅっきん》してきたのです。

スタッフの数《かず》は、男性女性合《だんせいじょせいあ》わせて全部《ぜんぶ》で十人《にん》。総責任者《そうせきにんしゃ》の所長《しょちょう》をはじめとして、獣医師《じゅういし》、飼育《しいく》スタッフなど、それぞれが重要《じゅうよう》な役目《やくめ》を担《にな》っています。

みんなの代表《だいひょう》として、四人《にん》のスタッフにお話《はなし》を聞《き》きました。

京都《きょうと》大学《だいがく》教授《きょうじゅ》で熊本《くまもと》サンクチュアリ所長《しょちょう》の平田《ひらた》聡《さとし》さんは、小学生《しょうがくせい》のころは算数《さんすう》、理科《りか》大《だい》すき少年《しょうねん》。チンパンジーといえば、図書館《としょかん》の本《ほん》か動物園《どうぶつえん》で見《み》るだけでした。

将来《しょうらい》は理数系《りすうけい》を勉強《べんきょう》して、どこかの企業《きぎょう》に就職《しゅうしょく》しようと思《おも》っていました。

ところが、高校《こうこう》を卒業《そつぎょう》して大学《だいがく》の理学部《りがくぶ》に入学《にゅうがく》すると、チンパンジー研《けん》究《きゅう》で名高《なだか》い先生《せんせい》と出会《であ》い、先生《せんせい》の講義《こうぎ》を聞《き》いているうちに、その世界《せかい》の魅《み》力《りょく》に引《ひ》きよせられていきました。

そして、大学院《だいがくいん》の博士《はくし》課程《かてい》を修了《しゅうりょう》すると、民間《みんかん》の類人猿《るいじんえん》研究《けんきゅう》センターに入《はい》り、本格的《ほんかくてき》にチンパンジー研究《けんきゅう》を開始《かいし》しました。

小学３年生のころの平田さん

その後《ご》、研究《けんきゅう》センターから熊本《くまもと》サンクチュアリに移《うつ》り……、平田《ひらた》さんのチンパンジー研究《けんきゅう》は、学生時代《がくせいじだい》から計算《けいさん》すると、ほぼ三十年《ねん》になります。

平田《ひらた》さんが大学院生《だいがくいんせい》のときにおこなった研究《けんきゅう》に、チンパンジーの子《こ》どもは学習《がくしゅう》するか？　というのがあります。

平田《ひらた》さんは、透明《とうめい》な板《いた》でできた部屋《へや》の壁《かべ》に小《ちい》さな穴《あな》をあけ、その向《む》こうにハチミツを入《い》れた容器《ようき》を取《と》りつけました。まず、お母《かあ》さんチンパンジーがいろいろ挑戦《ちょうせん》した結果《けっか》、穴《あな》にひもを差《さ》しこむことで、ハチミツをなめることができました。

これをそばで見《み》ていた子《こ》どものチンパンジーは、お母《かあ》さんを見《み》て学《まな》び、同《おな》じように穴《あな》にひもを差《さ》しこみ、ハチミツなめ大成功《だいせいこう》！

そう、チンパンジーの子《こ》どもは、学習《がくしゅう》するということがわかりました。

平田《ひらた》さんの研究《けんきゅう》は、ほかにもたくさんあります。

なかよくツーショット（メスのミズキと平田さん）

チンパンジーは協力《きょうりょく》するかとか（協力《きょうりょく》しました！）、チンパンジーの脳波《のうは》を測定《そくてい》したり、育児《いくじ》のようすを研究《けんきゅう》したり。

さまざまな研究《けんきゅう》を続《つづ》けている間《あいだ》に、すっかりチンパンジーとなかよくなった平田《ひらた》さん。

もうむかしのことですが、屋外《おくがい》でみんなといっしょにランチタイムを楽《たの》しんだり、いっしょにねむったりするほどでした。

そうそう、乱暴《らんぼう》なチンパンジーに

カチンときて、自分《じぶん》の力《ちから》を誇示《こじ》するチンパンジーのまねをして、コンクリートの壁《かべ》を蹴《け》り上《あ》げたこともありました。

それでどうなったかって？

はい、足《あし》の指《ゆび》の骨《ほね》を折《お》るという大失敗《だいしっぱい》！

こんな平田《ひらた》さんですが、チンパンジーに対《たい》する気持《きも》ちはだれにも負《ま》けません。

「人間《にんげん》が飼育《しいく》している以上《いじょう》、責任《せきにん》を持《も》って長《なが》く幸《しあわ》せにくらせるようにしてあげたい」

と、きっぱり語《かた》りました。

森裕介《もりゆうすけ》さんは、熟練《じゅくれん》の飼育《しいく》スタッフです。

子《こ》どものころから、いきものが大《だい》すき。

飼育スタッフの森さん

飼《か》ったことのあるいきものは、イヌ、ネコをはじめ、メジロ、ホオジロ、シロハラ（スズメの一種《いっしゅ》）、カラス、カメ、ニワトリ、メダカ、金魚《きんぎょ》、フナ、ヌマエビ（エビの一種《いっしゅ》）、イモリ、クワガタ虫《むし》、カブト虫《むし》……。うーん、数《かぞ》え上《あ》げたらきりがありません！

ケガをしたシロハラの幼鳥《ようちょう》を保護《ほご》して育《そだ》て、自然《しぜん》に返《かえ》したこともあります。そのとき、鳥《とり》がいったん森《もり》さんのもとにもどり、お別《わか》れのあいさつをしてから飛《と》び去《さ》っていったことは、いまでもわすれられない思《おも》い出《で》です。

そんな森《もり》さん、農業高校《のうぎょうこうこう》の畜産科《ちくさんか》を卒業《そつぎょう》すると、製薬会社《せいやくがいしゃ》でチンパンジーの飼育《しいく》の仕事《しごと》にたずさわりました。

そして、のちにチンパンジーを使《つか》った医学実験《いがくじっけん》が廃止《はいし》されると、新《あたら》しく熊本《くまもと》サンクチュアリとなった施設《しせつ》に、飼育《しいく》スタッフとして、また特任研究員《とくにんけんきゅういん》として残《のこ》りました。

チンパンジーたちと結《むす》んできた絆《きずな》を捨《す》てることができなかったのです。

当時《とうじ》は、赤《あか》ちゃんチンパンジーをおんぶして、裏山《うらやま》を散歩《さんぽ》したり、いろいろな道具《どうぐ》を使《つか》って、チンパンジーといっしょに遊《あそ》んだり……。まるで家族《かぞく》のような深《ふか》い絆《きずな》だったのです。

森《もり》さんの一日《いちにち》は、チンパンジーたちの朝《あさ》の健康観察《けんこうかんさつ》からはじまり、食事《しょくじ》の用意《ようい》、飼育棟《しいくとう》のそうじ、診察《しんさつ》または治療《ちりょう》の補助《ほじょ》など、目《め》の回《まわ》るようないそがしさ。

けれども、どんなにいそがしくても、チンパンジーを思《おも》う森《もり》さんの気持《きも》ちはゆるぎません。

「もっともっと愛情《あいじょう》をかけて、もっともっと幸《しあわ》せになってほしい」

これが森《もり》さんの願《ねが》いです。

もうひとりの熟練飼育《じゅくれんしいく》スタッフは、野上悦子《のがみえつこ》さんです。野上《のがみ》さんの子《こ》どものころからの夢《ゆめ》は、動物園《どうぶつえん》の獣医師《じゅういし》になることでした。ところが、進路《しんろ》を決《き》める高校卒業《こうこうそつぎょう》のころ、たとえ獣医師《じゅういし》になっても動物園《どうぶつえん》で働《はたら》くことはむずかしいと聞《き》きました。動物園《どうぶつえん》の獣医師《じゅういし》は採用人数《さいようにんずう》が少《すく》ないからです。

そこで、野上《のがみ》さんは獣医師《じゅういし》をあきらめ、民間《みんかん》の動物園《どうぶつえん》に入社《にゅうしゃ》しました。仕事《しごと》は子《こ》どものチンパンジーとステージに立《た》ち、お客《きゃく》さんを楽《たの》しませるショーをすることでした。

「わあ、かわいい！」

お客《きゃく》さんからたくさん拍手《はくしゅ》をもらいましたが、肝心《かんじん》のチンパンジーが、ショーをいやがるそぶりを見《み》せるようになり、野上《のがみ》さんもショーを楽《たの》しめなくなりました。

問題《もんだい》はそれだけではありません。

ショーが終《お》わると、ひとりずつせまいケージに入《い》れられるチンパンジーたち。走《はし》ることもできず、仲間《なかま》と遊《あそ》ぶことさえできず……。

（この子《こ》たちのために、いつかチンパンジーの森《もり》をつくりたい）

そんな夢《ゆめ》をいだくようになった野上《のがみ》さんは、動物園《どうぶつえん》を退社《たいしゃ》し、その数年《すうねん》後《ご》、京都大学《きょうとだいがく》でサンクチュアリの設立《せつりつ》を計画《けいかく》している先生《せんせい》と出会《であ》いました。

その先生《せんせい》の夢《ゆめ》は、製薬会社《せいやくがいしゃ》の施設《しせつ》を京都大学《きょうとだいがく》のサンクチュアリとすることでした。

ふたりの夢《ゆめ》がぴったり合《あ》わさったというわけです。

野上《のがみ》さんは京都大学《きょうとだいがく》の職員《しょくいん》として、製薬会社《せいやくがいしゃ》のチンパンジー飼育施設《しいくしせつ》に勤《つと》めることになりました。

その後《ご》、この施設《しせつ》が熊本《くまもと》サンクチュアリとして再《さい》スタートすると、いよいよ野上《のがみ》さんの夢《ゆめ》がかないました。

動物園《どうぶつえん》でショーに使《つか》われていたチンパンジーも、仲間《なかま》に迎《むか》え入《い》れることができたのです。

チンパンジーたちが楽《たの》しく笑《わら》ってくらせるように、水曜日《すいようび》の宅急便《たっきゅうびん》のイベントにはじまり、裏山《うらやま》から遊《あそ》びのための木《き》を切《き》ってきたり、ジュースなめの準備《じゅんび》をしたり……。つぎつぎとアイデアがわいてきます。

出勤《しゅっきん》して帰宅《きたく》するまで、野上《のがみ》さんの一日《いちにち》は東奔西走《とうほんせいそう》という言葉《ことば》どおりです。そこまでやるか⁉ というほど準備《じゅんび》に追《お》われる毎日《まいにち》ですが、それでも、野上《のがみ》さんは音《ね》を上《あ》げたりしません。

「人間《にんげん》の都合《つごう》で親《おや》から引《ひ》きはなされ、見世物《みせもの》になったり、医学実験《いがくじっけん》に使《つか》われたり、繁殖《はんしょく》させられたり、せまいケージの中《なか》に閉《と》じこめられたり……。もうそんなことがなくなりますように……」

そう願《ねが》いながら、今日《きょう》も野上《のがみ》さんの奮闘《ふんとう》は続《つづ》きます。

最後《さいご》に紹介《しょうかい》するのは鵜殿俊史《うどのとしふみ》さん、熊本《くまもと》サンクチュアリの獣医師《じゅういし》です。大学《だいがく》の獣医学科《じゅういがっか》で獣医学《じゅういがく》を学《まな》び、卒業《そつぎょう》すると、森《もり》さんと同《おな》じ製薬会社《せいやくがいしゃ》で働《はたら》きはじめました。もちろん、チンパンジー専門《せんもん》の獣医師《じゅういし》として。

それから四十年《ねん》あまり、チンパンジーの健康管理《けんこうかんり》の仕事《しごと》を担《にな》ってきました。病気《びょうき》の予防《よぼう》、診断《しんだん》、治療《ちりょう》がおもな仕事《しごと》です。

各地《かくち》の動物園《どうぶつえん》の獣医師《じゅういし》からよせられる、チンパンジーの病気《びょうき》の相談《そうだん》を受《う》けて、その指導《しどう》などもしています。

鵜殿《うどの》さんの一日《いちにち》も、それはハードです。

チンパンジーに病気《びょうき》が見《み》つかった際《さい》の検査《けんさ》

16歳のころの鵜殿さん

や治療《ちりょう》はもちろん、定期的《ていきてき》な健康診断《けんこうしんだん》、寄生虫《きせいちゅう》や細菌《さいきん》の検査《けんさ》、心電図検査《しんでんずけんさ》など、しなければならないことは山《やま》ほどあります。

「この四十年《ねん》で出会《であ》ったチンパンジーは、およそ二百人《にん》（！）です。チンパンジーたちとの思《おも》い出《で》を語《かた》れば、それはわたしの半生《はんせい》を語《かた》るほどあります」

と、鵜殿《うどの》さん。

「二百人《にん》との思《おも》い出《で》は、どれもわすれられないものです。多《おお》くがチンパンジーの病死《びょうし》という悲《かな》しいものですが、うれしかった思《おも》い出《で》もあります。勤《つと》めはじめてすぐのころ、肺炎《はいえん》で死《し》にかけていた七か月《げつ》の赤《あか》ちゃんチンパンジーが、治療《ちりょう》で元気《げんき》をとりもどし、ある朝《あさ》、ひょっこりすわっている姿《すがた》を見《み》たときには、感激《かんげき》で胸《むね》がいっぱいになりました」

また、つぎのようにも語《かた》りました。

「ほとんどのチンパンジーを子《こ》どものころから知《し》っていて、その半数《はんすう》は母親《ははおや》のおなかの中《なか》にいるころから知《し》っています。だから、熊本《くまもと》サンクチュアリのチンパンジーは、わたしにとって家族《かぞく》のようなものなのです」

チンパンジーを思《おも》う気持《きも》ちは、もちろんほかのスタッフも同《おな》じです。それぞれが、だれにも負《ま》けないほどの強《つよ》い気持《きも》ちと、愛情《あいじょう》を持《も》っているのです。

みんなが一丸《いちがん》となって、今日《きょう》も熊本《くまもと》サンクチュアリの一日《いちにち》がはじまります。

6　チンパンジーのふるさと、アフリカへ

この章《しょう》ではちょっと視点《してん》を変《か》え、チンパンジーの原点《げんてん》ともいうべきアフリカを旅《たび》してみましょう。

日本《にほん》を起点《きてん》にして、地球儀《ちきゅうぎ》を右《みぎ》に回《まわ》してください。

韓国《かんこく》……中国《ちゅうごく》……タイなど東南《とうなん》アジアの国々《くにぐに》……インド……アフガニスタンなど西《にし》アジアの国々《くにぐに》……サウジアラビア……、そして、アフリカ大陸《たいりく》！

チンパンジーのふるさとです。

郵 便 は が き

料金受取人払郵便

麹町局承認

1109

差出有効期間
2025年5月
31日まで
(切手をはらずに
ご投函ください)

102-8790

206

(受取人)
東京都千代田区九段北
一―十五―十五
瑞鳥ビル五階

静山社 行

住　所	〒　都道府県		
フリガナ		年齢	歳
氏　名			
		性別	男　女
TEL	(　　　)		
E-Mail			

静山社ウェブサイト　www.sayzansha.com

愛読者カード

ご購読ありがとうございました。今後の参考とさせていただきますので、ご協力をお願いいたします。また、新刊案内等をお送りさせていただくことがあります。

【1】本のタイトルをお書きください。

【2】この本を何でお知りになりましたか。
1.新聞広告（　　　　　　　　　　新聞）　2.書店で実物を見て
3.図書館・図書室で　4.人にすすめられて　5.インターネット
6.その他（　　　　　　　　　　　　　　　　　　）

【3】お買い求めになった理由をお聞かせください。
1.タイトルにひかれて　2.テーマやジャンルに興味があるので
3.作家・画家のファン　4.カバーデザインが良かったから
5.その他（　　　　　　　　　　　　　　　　　　）

【4】毎号読んでいる新聞・雑誌を教えてください。

【5】最近読んで面白かった本や、これから読んでみたい作家、テーマをお書きください。

【6】本書についてのご意見、ご感想をお聞かせください。

ご記入のご感想を、広告等、本のPRに使わせていただいてもよろしいですか。
下の□に✓をご記入ください。　□ 実名で可　□ 匿名で可　□ 不可

ご協力ありがとうございました。

まぶしくかがやく太陽《たいよう》の下《した》、深《ふか》い森《もり》と広《ひろ》がる草原《そうげん》、そこを駆《か》けまわるライオン、チーター、キリン、ハイエナ、ゾウなどの野生動物《やせいどうぶつ》たち。

それは、ほとんどの人《ひと》たちが、アフリカにいだいているイメージではないでしょうか。

それが正解《せいかい》なのか、そうでないのか、実際《じっさい》にアフリカに視察旅行《しさつりょこう》に行《い》った平田聡《ひらたさとし》さんにお話《はなし》を聞《き》いてみました。

アフリカでチンパンジーの生態を調査する平田さん

平田《ひらた》さんはもう二十数年前《すうねんまえ》の大学院生《だいがくいんせい》のとき、大西洋《たいせいよう》に面《めん》したアフリカ西《せい》部《ぶ》の国《くに》に行《い》きました。

もちろん、行《い》く前《まえ》には現地《げんち》のことを勉強《べんきょう》したり、経験《けいけん》のある先輩《せんぱい》から話《はなし》を聞《き》いたりしていましたが、それでも実際《じっさい》に行《い》ってみると、想像《そうぞう》もしなかった出来事《できごと》がありました。

まず、手《て》に銃《じゅう》をたずさえた空港管理官《くうこうかんりかん》におどかされ、お金《かね》を要求《ようきゅう》するような言《い》い方《かた》をされたのです。

それをなんとか通《とお》りぬけると、今度《こんど》は人々《ひとびと》が押《お》しよせ、荷物《にもつ》を強引《ごういん》にうばい去《さ》り、運《はこ》んでやったのだからお金《かね》を出《だ》せと言《い》います。

やっと街《まち》に出《で》ると、ボロボロの服《ふく》を着《き》た人《ひと》たちがよってきて、粗末《そまつ》なマッチなどを売《う》りつけてきます。

アフリカの悲惨《ひさん》な現状《げんじょう》。いきなりこれを見《み》せつけられたのです。

とくに貧困《ひんこん》の度合《どあ》いは街《まち》から地方《ちほう》に行《い》くほど深刻《しんこく》になり、チンパンジーが住《す》む奥地《おくち》の村《むら》は、電気《でんき》、ガス、水道《すいどう》もありません。

平田《ひらた》さんは、そんな僻地《へきち》の村《むら》をたずねました。

電気《でんき》のない生活《せいかつ》。テレビも見《み》られない、電話《でんわ》もできない、パソコンもメールもできません。もちろん、夜《よる》になれば、あたりはまっ暗《くら》やみ。

わかってはいましたが、それは不便《ふべん》な生活《せいかつ》です。

多《おお》くの子《こ》どもたちは学校《がっこう》に行《い》けず、その結果《けっか》、大半《たいはん》のおとなも読《よ》み書《か》きができません。

子《こ》どもたちは平田《ひらた》さんを見《み》ると、ノートやえんぴつを、またはそれを買《か》うお金《かね》をねだります。

それで、持《も》っているノートなどをあげると、それを市場《いちば》で売《う》り、お金《かね》にかえて、家計《かけい》の足《た》しにします。

そんな子《こ》どもたちですが、

「おはよう」

と、平田《ひらた》さんが声《こえ》をかけると、

「おはよう！」

元気《げんき》な笑顔《えがお》で、あいさつを返《かえ》してくれます。

子《こ》どもたちの笑顔《えがお》。これは万国《ばんこく》共通《きょうつう》。

この笑顔《えがお》が、空港《くうこう》や街《まち》でくじけた平田《ひらた》さんの心《こころ》をなぐさめてくれました。

子《こ》どもたちは小《ちい》さな子《こ》も大《おお》きな子《こ》

現地の人の協力をえながら、調査をすすめます

もまじり合《あ》い、いっしょに遊《あそ》び、たくましく育《そだ》っていきます。

「子《こ》どもたちが成長《せいちょう》して、お金《かね》を要求《ようきゅう》する空港管理官《くうこうかんりかん》のような人《ひと》にならないようにするためには、やっぱり教育《きょういく》の力《ちから》が必要《ひつよう》なんだ」

無邪気《むじゃき》に遊《あそ》ぶ子《こ》どもたちを見《み》ながら、平田《ひらた》さんはあらためて強《つよ》く思《おも》ったのでした。


さあ、いよいよチンパンジーの調査開始《ちょうさかいし》です。

村《むら》の周辺《しゅうへん》には、チンパンジーが生息《せいそく》する深《ふか》い森《もり》が広《ひろ》がっています。

森《もり》を案内《あんない》してくれたのは村《むら》の若者《わかもの》です。まだ二十歳前後《さいぜんご》のようでしたが、なれたようすで森《もり》の中《なか》をしずかに歩《ある》きながら、

「ほら、草《くさ》が横《よこ》になっていますよ。この道《みち》をチンパンジーが歩《ある》いた証拠《しょうこ》です。あ、そこに木《こ》の葉《は》が落《お》ちています。あの木《き》の枝《えだ》をチンパンジーがわたったたか

森の中へ。いよいよ調査開始です

らです」
などと、背後《はいご》を歩《ある》く平田《ひらた》さんに教《おし》えてくれます。
道《みち》のそこかしこには草《くさ》が生《は》え、木《こ》の葉《は》が落《お》ちています。
それがチンパンジーが通《とお》った証拠《しょうこ》になるのかなあ……。
平田《ひらた》さんが首《くび》をかしげていると、
「あ、いました！　あそこです」
若者《わかもの》が遠《とお》くの木《き》を指《ゆび》さしました。
平田《ひらた》さんがそっちに目《め》をこらすと、木《き》の枝《えだ》になにやら黒《くろ》い影《かげ》が見《み》えました。言《い》われてみると、チンパンジーのようです。

「ほら、あそこにも！」

若者《わかもの》は、もっと遠《とお》くの枝《えだ》にも目《め》を向《む》けましたが、平田《ひらた》さんには、木《き》の枝《えだ》とチンパンジーの区別《くべつ》がつきません。

村《むら》の人々《ひとびと》は、森《もり》をよく知《し》っています。毎日使《まいにちつか》う薪《まき》を取《と》りに行《い》くなど、森《もり》に根差《ねざ》したくらしをしているからです。

そのため、地面《じめん》の草《くさ》のようす、木《こ》の葉《は》のようす、枝《えだ》のゆれ具合《ぐあい》などから、チンパンジーがいるかどうかわかるのです。

平田《ひらた》さんは、なれない森《もり》の道《みち》を、ガイドの若者《わかもの》についていくのがやっとでした。

調査初日《ちょうさしょにち》はこのようにして終《お》わりました。

最初《さいしょ》の数日《すうじつ》は森《もり》の道《みち》を歩《ある》くのがやっとだった平田《ひらた》さんですが、探索《たんさく》するうちに、少《すこ》しずつ野生《やせい》チンパンジーの生態《せいたい》がわかってきました。

まず、チンパンジーはなにを食《た》べて生《い》きているのか？

これは実際《じっさい》に森《もり》の木々《きぎ》を見《み》るとわかりました。イチジクなど、木々《きぎ》に実《みの》る果実《かじつ》です。

また、木《き》の実《み》も大好物《だいこうぶつ》です。チンパンジーは石《いし》などの道具《どうぐ》を使《つか》って、器用《きよう》に木《き》の実《み》の殻《から》を割《わ》ります。

果実《かじつ》や木《き》の実《み》以外《いがい》には、ハチミツ、シロアリなども好物《こうぶつ》です。

ようするに豊《ゆた》かな森《もり》がもたらしてくれるものなら、なんでも食《た》べるのです。

ということは、豊《ゆた》かな森《もり》がないと、野生《やせい》のチンパンジーは生《い》きていけないということです。

ところが、現在《げんざい》、アフリカの森《もり》は減《へ》りつつあります。

木の上を見ると……「あ、いました！」

なぜだと思《おも》いますか？
ヒントはこの国《くに》の公用語《こうようご》が、フランス語《ご》だというところにあります。
そう、それは、かつてヨーロッパの国々《くにぐに》が競《きそ》って、アフリカに進出《しんしゅつ》した結果《けっか》なのです。人々《ひとびと》は、鉱物資源《こうぶつしげん》の採取《さいしゅ》や木材伐採《もくざいばっさい》のため、森林開発《しんりんかいはつ》をしました。
村《むら》のチンパンジーたちは、残《のこ》された森《もり》のほんのわずかな住人《じゅうにん》なのです。

さてさて、話《はなし》を平田《ひらた》さんの調査《ちょうさ》にもどしましょう。

平田《ひらた》さんはこの調査《ちょうさ》で、野生《やせい》チンパンジーの生活《せいかつ》をまのあたりにしたわけですが、そこには思《おも》いもよらない発見《はっけん》もありました。

ブアブアというまだ若《わか》いメスのチンパンジーが、仲間《なかま》ではない別《べつ》のいきものの世話《せわ》をしたことです。

ブアブアは、オスのチンパンジーが手《て》から振《ふ》り落《お》としたハイラックス（小《こ》型《がた》の草食動物《そうしょくどうぶつ》）をひろい上《あ》げ、自分《じぶん》の胸《むね》にかかえたのです。

そして、それをかかえたまま樹上《じゅじょう》を移動《いどう》し、世話《せわ》をし、いっしょにねむりました。子育《こそだ》ての練習《れんしゅう》をしたとも思《おも》われます。

チンパンジーが森《もり》で生《い》きぬくために必要《ひつよう》な経験《けいけん》と学習《がくしゅう》。それを考《かんが》えさせられた出来事《できごと》でした。

平田《ひらた》さんにとって、およそ一か月間《げつかん》のアフリカ滞在《たいざい》は、おどろきと発見《はっけん》に満《み》ちていました。

「目的《もくてき》は野生《やせい》チンパンジーの調査《ちょうさ》でしたが、人間《にんげん》ってなんだろう？　と、そんなことも考《かんが》えさせられました」

平田《ひらた》さんのアフリカ行《い》きは、このあとも何度《なんど》も続《つづ》きました。

7　さようなら、ありがとう

熊本《くまもと》サンクチュアリには、医学実験《いがくじっけん》のためにC《シー》型肝炎《がたかんえん》ウィルスに感染《かんせん》させられ、健康体《けんこうたい》であればかからなかったであろうと思《おも》われる病気《びょうき》で亡《な》くなったチンパンジーも、たくさんいます。

そういう子《こ》たちのひとりに、イヨがいます。

メスのイヨはふしぎな子《こ》でした。耳《みみ》に息《いき》をふきかけられるのが大《だい》すきで、「ふきかけて」とスタッフたちによく催促《さいそく》してきました。

人間《にんげん》がすきで、とくに初《はじ》めて見《み》る人《ひと》に対《たい》しては、うれしさのあまり悲鳴《ひめい》をあげてしまうほどでした。

動作《どうさ》がゆっくりしていて、逃《に》げ足《あし》もおそく、よく大男《おおおとこ》のコナンにつかまり、ケガをしていました。

二〇一一年《ねん》二月《がつ》。イヨの歯《は》ぐきがはれているのにスタッフが気《き》づきました。

人間のことが大すきだったイヨ

最初《さいしょ》、スタッフたちは、歯《は》が欠《か》けたり、虫歯《むしば》になったりして、ばい菌《きん》が入《はい》ったのかなと思《おも》っていましたが、はれ方《かた》がふつうでないようでした。

獣医師《じゅういし》の鵜殿《うどの》さんに報告《ほうこく》して、検《けん》査《さ》してもらうと、それはガンでした。口《くち》の中《なか》にできる扁平上皮《へんぺいじょうひ》ガンと診《しん》断《だん》されたのです。

長年《ながねん》、C型肝炎《シーがたかんえん》ウィルスに感染状態《かんせんじょうたい》にあること、それが災《わざわ》いしたのかもしれません。

鵜殿《うどの》さんは、イヨがなんとか食事《しょくじ》をとれるように、数回《すうかい》にわたって腫瘍《しゅよう》を焼《や》きとり、小《ちい》さくする処置《しょち》をほどこしました。

けれども、腫瘍《しゅよう》が大《おお》きくなるスピードはすさまじく、あっというまにイヨの口《くち》の中《なか》をおおいつくしてしまいました。

それで、腫瘍《しゅよう》を焼《や》きとる治療《ちりょう》よりも、イヨが幸《しあわ》せでいられる時間《じかん》を優先《ゆうせん》することにし、病室《びょうしつ》から、みんなのいる場所《ばしょ》にもどしました。

入院《にゅういん》している間《あいだ》に体力《たいりょく》が落《お》ちてしまったイヨでしたが、みんながいるところにもどってきたのが、よほどうれしかったのでしょう。大《おお》きな声《こえ》で笑《わら》ったり、遊《あそ》んだり。

やさしい仲間《なかま》たちと、すずしい午前中《ごぜんちゅう》をゆったりとすごすこともありました。

腫瘍《しゅよう》はさらに大《おお》きくなり、イヨは鼻《はな》のあたりまではれあがった顔《かお》になってしまいましたが、仲間《なかま》のチンパンジーたちもスタッフも、いつもどおりに接《せっ》しました。

イヨは、もう固形物《こけいぶつ》をかむこともできなくなりました。

それでも、すりおろしたリンゴや、やわらかくねったバナナなどを口《くち》に入《い》れてやると、おいしそうに飲《の》みこみました。

いたかったり、つらかったりしても、スタッフが行《い》くと、「耳《みみ》に息《いき》をふきかけて」とあまえて催促《さいそく》しました。くすぐってやると、うれしそうに笑《わら》います。

夏《なつ》のある日《ひ》、スタッフとあいさつをかわしたあと、イヨはしずかに息《いき》を引《ひ》き取《と》りました。

闘病生活《とうびょうせいかつ》はけして楽《らく》なものではなかったでしょうが、その顔《かお》は笑《わら》っているように見《み》えました。

いま、イヨの魂《たましい》は、なつかしいアフリカに帰《かえ》っていて、大自然《だいしぜん》の中《なか》で永《えい》遠《えん》に憩《いこ》っていることでしょう。

アルクはオスグループの中《なか》で一番《いちばん》のボスで、二番目《ばんめ》に強《つよ》い大王《だいおう》とつれだって、弱《よわ》いものいじめをしていました。

他人《たにん》にはかみついたり、たたいたりするくせに、自分《じぶん》がやられると、すり傷《きず》ていどでも大泣《おおな》きする。ケンカをしていて自分《じぶん》が不利《ふり》になると、すぐにほかのオスの背中《せなか》にかくれ、それを盾《たて》にして後《うし》ろから吠《ほ》えるという、ちょっと見《み》はひきょうな、とてもボスとは呼《よ》べないようなチンパンジーでした。

それでも、ニッキーなどはアルクの完全《かんぜん》な召使《めしつか》いで、アルクが「ブッブッ」と呼《よ》ぶだけで走《はし》りより、毛《け》づくろいする。手《て》をたたくだけで食《た》べ物《もの》をひろうことをやめるほど、アルクは絶対的《ぜったいてき》な存在《そんざい》でした。

こんなアルクでしたが、慢性腎不全《まんせいじんふぜん》の診断《しんだん》が下《くだ》ってからは、休《やす》むことが多《おお》くなりました。

暑《あつ》い夏《なつ》の日課《にっか》だった、大《だい》すきな水《みず》浴《あ》びもしなくなりました。

腎不全《じんふぜん》になり、カリウムの摂取《せっしゅ》をひかえなければいけなくなってしまったので、アルクが大《だい》すきでカリウムが豊富《ほうふ》な、小松菜《こまつな》とバナナを与《あた》

いばりんぼで泣き虫だったアルク

えることはできなくなりました。

かわりに、クリーム状《じょう》の介護食《かいごしょく》やパン、おにぎりなど、アルクのすきなものを与《あた》えましたが、これらにも、だんだん手《て》をのばすことが少《すく》なくなりました。

競争心《きょうそうしん》から、みんなといるときのほうが、たくさん食《た》べることもあったので、食事《しょくじ》はあえてみんなの前《まえ》でわたしていましたが、しだいに、受《う》け取《と》ることすら少《すく》なくなっていきました。

食《た》べずにおいた食事《しょくじ》を、大王《だいおう》たちが食《た》べてしまっても、不満《ふまん》を見《み》せることもなくなりました。アルクの体《からだ》は、徐々《じょじょ》に病魔《びょうま》にむしばまれていたのです。

日中《にっちゅう》、休《やす》むことが多《おお》くなると、いつもアルクからいじめられていたラッキーが、アルクが休《やす》んでいる台《だい》をたたいたりするようになりました。

アルクは、うっとうしそうに起《お》き上《あ》がりますが、ラッキーに仕返《しかえ》ししようとはしませんでした。

アルク27歳の誕生会（2016年12月）

顔《かお》やおしりがむくみ、だるそうにしているアルクのあごを、スタッフたちがマッサージしてやると、アルクは目《め》を閉《と》じ、なんとも気持《きも》ちよさそうにしていました。

診断《しんだん》が下《くだ》されて以来《いらい》、制限《せいげん》していた好物《こうぶつ》のバナナを、うれしそうに、声《こえ》をあげながら食《た》べたのが最後《さいご》でした。

「明日《あした》、小松菜《こまつな》を買《か》ってくるね」

夕方《ゆうがた》、飼育《しいく》スタッフがそう言《い》って約束《やくそく》しましたが、翌朝《よくあさ》、アルクは息《いき》を引《ひ》き取《と》っていました。

お別《わか》れに、みんなを順番《じゅんばん》にアルクの前《まえ》に連《つ》れて行《い》きました。

大王《だいおう》はアルクに歩《あゆ》みよると、チッとつばをかけ、じいっと見《み》ていました。

カズマは扉《とびら》をたたきながら、ちらちらと見《み》ている。

ニッキーはわかっているのか、いないのか、うろうろして、なかなか去《さ》らない。

ボンは冷静《れいせい》にアルクを見《み》て、さわってみようとする。

ラッキーはしつこくディスプレイ（体《からだ》をゆすること）をくりかえして、ついにはアルクに「起《お》きろ！」とばかりに水《みず》をかけました。

サンゾウもそっと見《み》にくる。じっと見《み》て、去《さ》っていく。

みんな、それぞれの形《かたち》で、アルクにお別《わか》れしたのです。

人間《にんげん》の研究《けんきゅう》のために実験動物《じっけんどうぶつ》となり、病《やまい》におかされ、いましずかに死《し》んでいったアルク。

アルクの魂《たましい》もまた、ふるさとのアフリカめざして、帰《かえ》っていったのでしょう。

ありがとう、アルク、がんばったね。

イヨとアルクの場合《ばあい》を書《か》きましたが、ふたりのほかにも、ウィルス感染《かんせん》状態《じょうたい》で命《いのち》をなくした子《こ》はいます。

みんなの尊《とうと》い献身《けんしん》を、いつまでもわすれずにいたいですね。

8　治療《ちりょう》の開始《かいし》

今日《きょう》はススムの健康診断《けんこうしんだん》の日《ひ》です。

ススムの年齢《ねんれい》は四十五歳《さい》。

健康診断《けんこうしんだん》は定期的《ていきてき》に行《おこな》います。表面《ひょうめん》は元気《げんき》そうに見《み》えても、体《からだ》の内部《ないぶ》に重大《じゅうだい》な病気《びょうき》がかくれているかもしれません。それを見《み》つけるためです。

肝炎《かんえん》などの肝臓《かんぞう》の病気《びょうき》、腎臓《じんぞう》の病気《びょうき》、貧血《ひんけつ》、出血《しゅっけつ》が止《と》まらなくなる血液凝固障害《けつえきぎょうこしょうがい》など、早期《そうき》に発見《はっけん》しなければなりません。

さて、健康診断《けんこうしんだん》の手順《てじゅん》ですが、これはなかなか簡単《かんたん》ではありません。

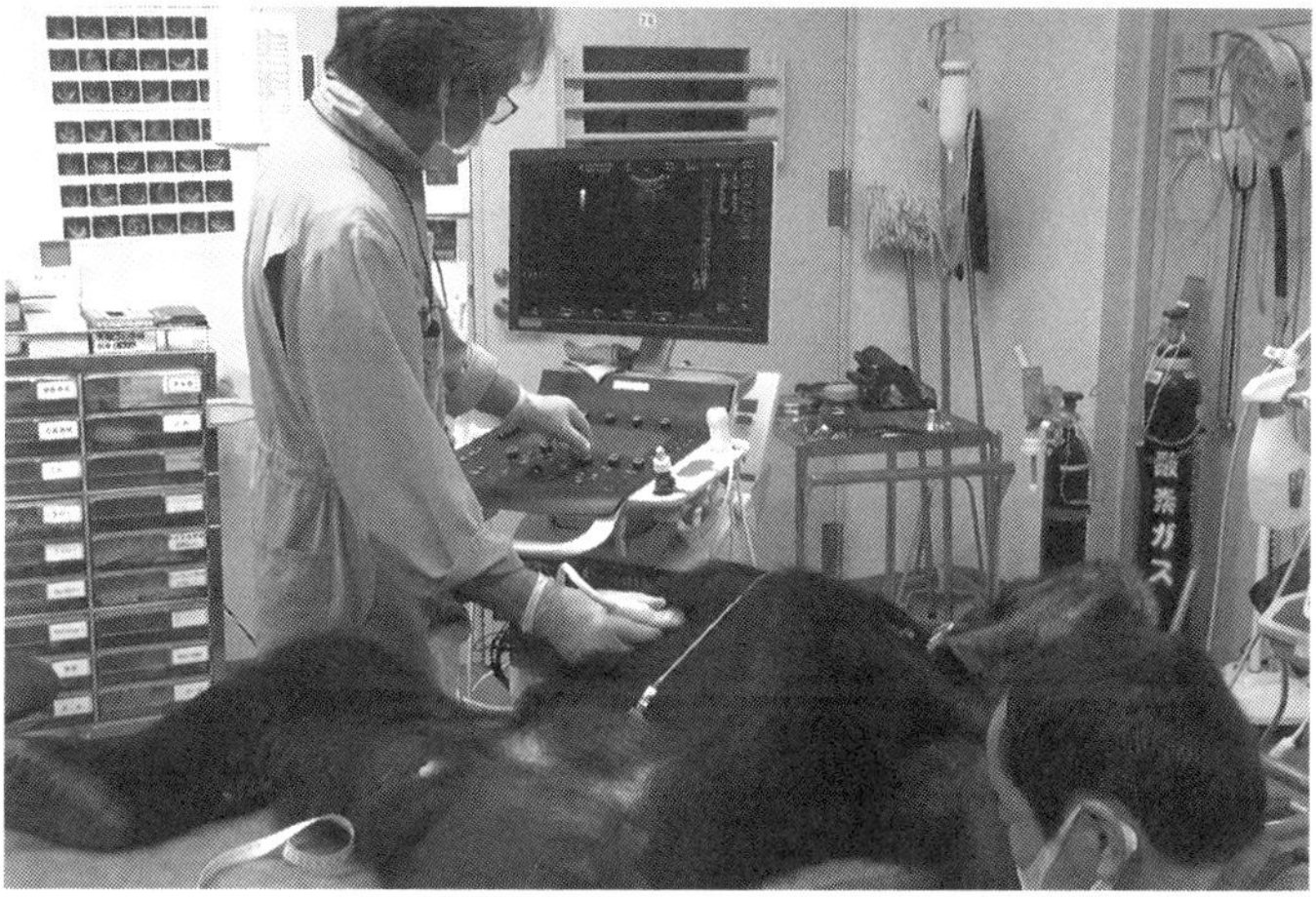

健康診断のようす。超音波でおなかを調べます

チンパンジーは検査《けんさ》に協力的《きょうりょくてき》ではないのです。体《からだ》が大《おお》きいので、イヌやネコのようにだきあげられませんし、力《ちから》ずくでおさえこむこともできません。

ススムはおだやかな性格《せいかく》ですが、さすがにそんなことをされれば、反《はん》撃《げき》してくることまちがいなしです。

そこで、スタッフが考《かん》えたのが薬《くすり》入《い》りジュースです。ススムが大《だい》すきなジュースに、気持《きも》ちをゆったりさせる薬《くすり》を入《い》れるのです。

それを飲《の》ませて、ゆったりしたところに、さらに吹《ふ》き矢《や》を使《つか》って、全身麻《ぜんしんま》酔《すい》をかけます。

吹《ふ》き矢《や》は、動物園《どうぶつえん》などでも使《つか》われている、麻酔《ますい》の方法《ほうほう》です。麻酔薬《ますいやく》の入《はい》った小《ちい》さな容器《ようき》の先端《せんたん》に注射針《ちゅうしゃばり》がついていて、これを動物《どうぶつ》に向《む》かって飛《と》ばし、麻酔《ますい》をかけます。

この方法《ほうほう》だと、ライオンなどの危険《きけん》な猛獣《もうじゅう》にも、安全《あんぜん》に麻酔《ますい》をかけることができます。

こうして、完全《かんぜん》にねむってしまうと、飼育《しいく》スタッフがススムを診察室《しんさつしつ》に運《はこ》びこみます。

検査《けんさ》をするのは獣医師《じゅういし》の鵜殿《うどの》さんです。

最初《さいしょ》に血液《けつえき》を採《と》り、成分《せいぶん》を調《しら》べます。これによって、おおよその体《からだ》の状態《じょうたい》がわかるのです。

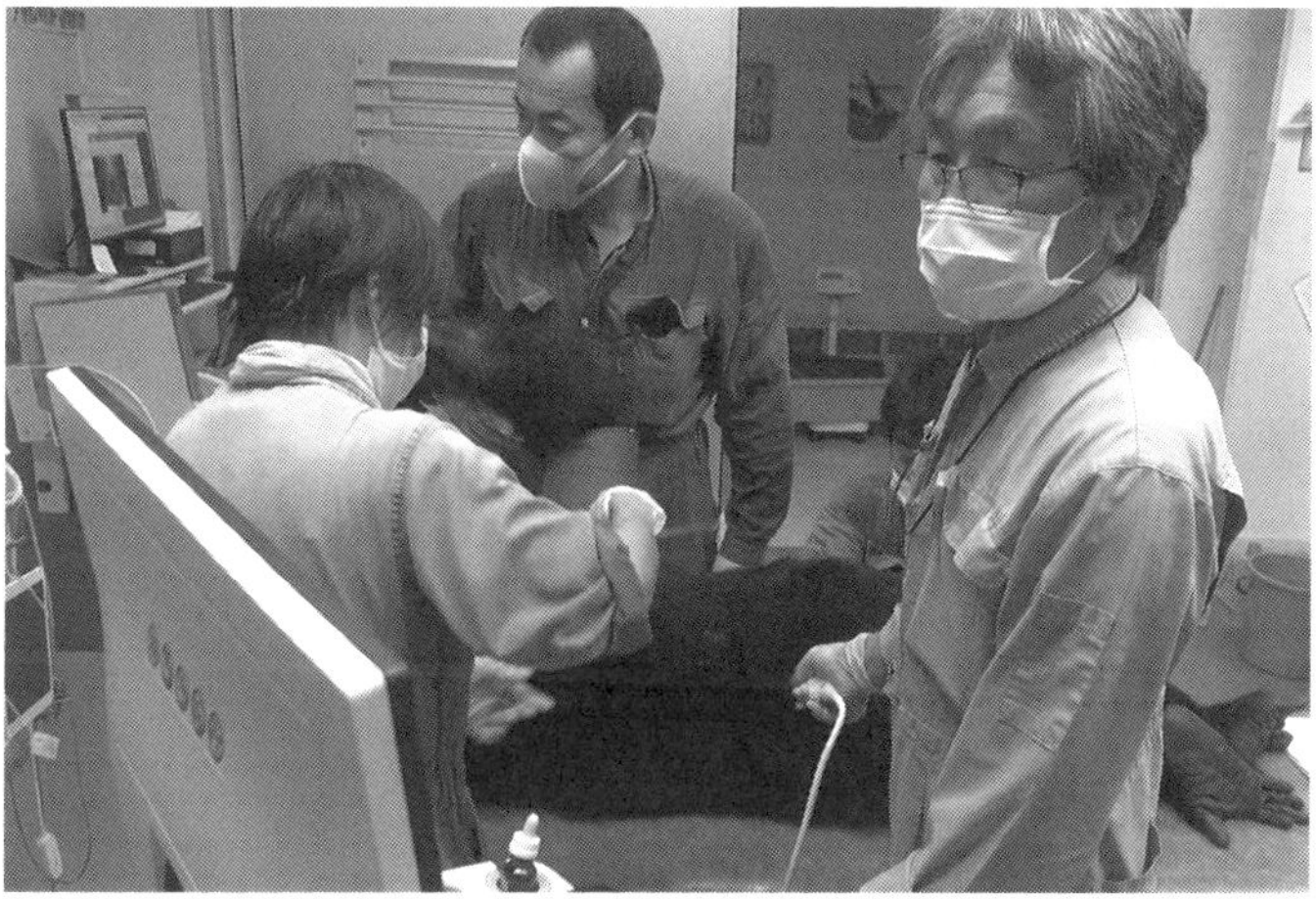

超音波のモニターを確認中。問題がなくてひと安心

つぎに、胸部《きょうぶ》や腹部《ふくぶ》のレントゲンを撮《と》ったり、心電図《しんでんず》を見《み》たりします。そして、超音波断層装置《ちょうおんぱだんそうそうち》という機械《きかい》で体内《たいない》の臓器《ぞうき》を観察《かんさつ》します。

そして、病気《びょうき》が見《み》つかれば、治《ち》療開始《りょうかいし》ということになります。

「うん、うん！」

鵜殿《うどの》さんは超音波《ちょうおんぱ》の画面《がめん》を見《み》ながら、何度《なんど》も大《おお》きくうなずきました。

今回《こんかい》の診断《しんだん》では、ススムの体《からだ》に、とくに大《おお》きな異常《いじょう》は見《み》つからなかったようです。

ススム、よかったね！

元気《げんき》いっぱいのチンパンジーもいれば、健康診断《けんこうしんだん》で病気《びょうき》が見《み》つかるチンパンジーもいます。

とくに、医学実験《いがくじっけん》の犠牲《ぎせい》になったチンパンジーたちは、病気《びょうき》をかかえていることがわかっていました。

そんなチンパンジーたちの健康《けんこう》をとりもどしたいという思《おも》いから、投薬治療《とうやくちりょう》も開始《かいし》されました。

その第《だい》一例《れい》がショウボウです。

ショウボウは過去《かこ》の医学実験《いがくじっけん》によって、C型肝炎《シーがたかんえん》ウィルスに感染《かんせん》しています。

鵜殿《うどの》さんの判断《はんだん》で、二〇二三年《ねん》の一月《がつ》から八週間《しゅうかん》、毎日《まいにち》、ショウボウに肝炎治療薬《かんえんちりょうやく》を飲《の》ませました。

「飲《の》ませた」といっても、これにはまたスタッフの試行錯誤《しこうさくご》がありました。チンパンジーに薬《くすり》を飲《の》ませるのもまた、簡単《かんたん》なことではないのです。

もともとアフリカの森《もり》でさまざまな植物《しょくぶつ》、動物《どうぶつ》を食《た》べて生《い》きているチンパンジーは、本能《ほんのう》として、あやしいもの、いつもとちがう味《あじ》のするものは食《た》べません。

肝炎治療薬《かんえんちりょうやく》は少《すこ》し苦《にが》い味《あじ》がします。その苦《にが》い治療薬《ちりょうやく》を、どうやってショウボウに飲《の》ませるか？

「これを飲《の》めば元気《げんき》になるよ」

と、説得《せっとく》したいところですが、それは無理《むり》。

こちらが真剣《しんけん》になればなるほど、かえってあやしまれてしまうのです。

では、どうするか？

そこで使《つか》われたのが、ショウボウの好物《こうぶつ》のサツマイモだんごです。

ショウボウの快気祝い（2023 年 11 月）

これに薬《くすり》をまぜてショウボウに与《あた》えたところ、大成功《だいせいこう》！

ショウボウは、薬入《くすりい》りのイモだんごを喜《よろこ》んで食《た》べてくれました。

薬《くすり》の効果《こうか》は？

これまた大成功《だいせいこう》！　ショウボウの体《からだ》から肝炎《かんえん》ウィルスが消《き》えたのです。

所長《しょちょう》の平田《ひらた》さんによると、これは人間用《にんげんよう》の薬《くすり》の開発実験《かいはつじっけん》ではなく、チンパンジーの治療《ちりょう》として成功《せいこう》した世《せ》界初《かいはつ》の快挙《かいきょ》だということです！

治療《ちりょう》の大成功《だいせいこう》とショウボウの快気祝《かいきいわ》いをかねて、楽《たの》しいパーティが開《ひら》かれました。

リンゴ、マンゴー、カボチャなどが盛《も》られ、みんなが集《あつ》まります。

平田《ひらた》さんは、

「医学《いがく》の発展《はってん》に貢献《こうけん》してきたチンパンジーなのに、その恩恵《おんけい》は受《う》けてきませんでした。これからほかのチンパンジーにも薬《くすり》を飲《の》ませ、ひとりでも多《おお》く治《ち》療《りょう》したい」

と、笑顔《えがお》で語《かた》りました。

9　キャンディーの誕生日《たんじょうび》

今日《きょう》は朝《あさ》から、野上《のがみ》さんと森《もり》さんがいそがしそうです。パイナップルやリンゴ、ミカン、柿《かき》など、みんなの大《だい》すきなフルーツをたっぷりかかえて、行《い》ったり来《き》たりしています。

ふつうの日《ひ》には見《み》られない光景《こうけい》です。なにか特別《とくべつ》なことでもあるのでしょうか？

「今日《きょう》はキャンディーの誕生日《たんじょうび》なんです！」

野上《のがみ》さんが教《おし》えてくれました。

誕生日を祝ってもらうキャンディー（2023 年 11 月）

キャンディーの誕生日《たんじょうび》！　ああ、そうだったのか。それでふたりは、いそがしくしていたんだ。

熊本《くまもと》サンクチュアリでは、チンパンジーたちの誕生日《たんじょうび》に合《あ》わせ、誕《たん》生会《じょうかい》を行《おこな》っています。

誕生会《たんじょうかい》は、誕生日《たんじょうび》が明《あき》らかな子《こ》にはその日《ひ》に、よくわからない子《こ》には、スタッフが誕生月《たんじょうづき》を割《わ》りふって、その月《つき》のどこかで行《おこな》うそうです。

アフリカ生《う》まれのキャンディー

も、正確《せいかく》な誕生日《たんじょうび》はわかりませんので、十一月《がつ》を誕生月《たんじょうづき》と決《き》めてお祝《いわ》いをしています。

運動場《うんどうじょう》に、さきほどかかえていたフルーツを、きれいにデコレーションしてならべます。パイナップルも柿《かき》も、キャンディーの大好物《だいこうぶつ》。

誕生会《たんじょうかい》の主役《しゅやく》は、ひとりで運動場《うんどうじょう》に出《で》てきます。それが決《き》まりです。なぜって？　それは、いまにわかります。

さあ、キャンディーが出《で》てきました。あたりを見《み》まわし、ゆっくりとごちそうに向《む》かっていきます。

それから大《だい》すきなフルーツに手《て》をのばすと、うれしそうにかぶりつきます。だれも横取《よこど》りできません。

群《む》れの中《なか》の女性陣最強軍団《じょせいじんさいきょうぐんだん》、サイ、アキナ、ナッキーが、フーフーと不《ふ》満《まん》の声《こえ》をあげはじめました。自分《じぶん》たちも食《た》べたいと言《い》っているのです。

主役のキャンディーがごちそうを食べ終わると、みんなも合流

さわぐ三人《にん》を横目《よこめ》に、キャンディーがごちそうをおなかいっぱい食《た》べて満足《まんぞく》すると、残《のこ》りはみんなに分《わ》け与《あた》えられます。

サイ、アキナ、ナッキーたちが、真《ま》っ先《さき》にキャンディーの残《のこ》したごちそうに突進《とっしん》していきます。

この三人《にん》がいるために、ほかの子《こ》たちはなかなかごちそうにありつけません。

チコ、クミコなど、気《き》の弱《よわ》い子《こ》は、ごちそうを遠巻《とおま》きに見《み》ているだけ。

ハルナの誕生会（2022年）でキャンディー（右はし）は不満爆発

誕生会《たんじょうかい》の主役《しゅやく》が、ひとりで運動《うんどう》場《じょう》に出《で》てくるわけがわかりましたか？

そう、気《き》の弱《よわ》い子《こ》にも、誕生日《たんじょうび》だけは、最強軍団《さいきょうぐんだん》にごちそうを取《と》られることなく、ゆっくり食《た》べてほしい。そんな野上《のがみ》さんたちスタッフの思《おも》いから、誕生会《たんじょうかい》では、お祝《いわ》いされる子《こ》だけ、先《さき》に運動場《うんどうじょう》に出《だ》されるのです。

キャンディーも、チコ、クミコと同《おな》じく、自分《じぶん》の誕生日《たんじょうび》以外《いがい》、最強《さいきょう》軍団《ぐんだん》の壁《かべ》にはばまれて、ごちそうにありつくことはできません。

けれど、二〇二二年《ねん》のハルナの誕生会《たんじょうかい》のときは、ちょっとようすがちがいました。

主役《しゅやく》のハルナがごちそうを食《た》べ終《お》え、残《のこ》りをみんなで食《た》べることになりました。

最強軍団《さいきょうぐんだん》の強固《きょうこ》な壁《かべ》にはばまれ、キャンディーたちはごちそうから遠《とお》くはなれてすわっていました。

やがてキャンディーが、なにを思《おも》ってか、いきなりクミコに突進《とっしん》していきました。クミコは不意打《ふいう》ちにあって、大《おお》きな声《こえ》で鳴《な》きはじめました。

ごちそうをかこんでいた最強軍団《さいきょうぐんだん》も、食事《しょくじ》を中断《ちゅうだん》し、さわぎにくわわりました。ごちそうをかこむ「強固《きょうこ》な壁《かべ》」のフォーメーションがくずれたのです。

手《て》うすになったところに、いまだとばかり、キャンディーが腰《こし》を下《お》ろし、ごちそうをほおばりはじめました。

いつもは強気《つよき》になれないキャンディーにしては、めずらしい一場面《いちばめん》でした。

さて、誕生会《たんじょうかい》の主役《しゅやく》である今日《きょう》ばかりは、心《こころ》ゆくまでごちそうを味《あじ》わったキャンディー。残《のこ》りをみんなにゆずって、ゆっくりと毛《け》づくろいを始《はじ》めました。

来年《らいねん》も再来年《さらいねん》もずっと、誕生日《たんじょうび》を祝《いわ》おうね、キャンディー。

熊本《くまもと》サンクチュアリには、誕生会《たんじょうかい》のほかに、数々《かずかず》のイベントがあります。そのひとつが敬老会《けいろうかい》です。

オスのレノンは五十三歳《さい》。熊本《くまもと》サンクチュアリでは、最年長《さいねんちょう》。このレノンの敬老会《けいろうかい》を、毎年《まいとし》やっています。

敬老会《けいろうかい》をはじめたとき、レノンは三十九歳《さい》でした。敬老会《けいろうかい》をやるにはまだ若《わか》かったのですが、そのとき最年長《さいねんちょう》だったので、それ以来《いらい》、主役《しゅやく》をつとめてもらっています。

最初《さいしょ》は、レノンの次《つぎ》に年長《ねんちょう》だったブラックの敬老会《けいろうかい》もしていましたが、ブラックは二〇二〇年《ねん》に心不全《しんふぜん》で亡《な》くなりました。それで、いまはレノンのためだけの敬老会《けいろうかい》です。

レノンは、さすがに皮《ひ》ふのハリはなくなってきましたが、まだまだ食欲旺盛《しょくよくおうせい》。それが長生《ながい》きの秘訣《ひけつ》なのか、とにかくよく食《た》べます。

今日《きょう》は、誕生会《たんじょうかい》のときのように、ごちそうをデコレーションしてもらって、ごきげんです。

近《ちか》くで、ノリオとサトルがバトルをはじめました。なんで争《あらそ》っているのかわかりません。バトルはしだいにヒートアップ。

レノンは、もぐもぐと口《くち》を動《うご》かしながら、

「なんだね？」

とでも言《い》うように、ふたりを見《み》ています。

サトルは、なかなかのやんちゃ者《もの》。シロウの誕生会《たんじょうかい》のときも、みんなを巻《ま》きこんで、大《おお》さわぎになりました。

さて、レノンがごちそうをおなかいっぱい食《た》べて、その場《ば》をはなれると、残《のこ》り物《もの》にありつこうと、みんなが集《あつ》まります。

そこでもまた、ひともんちゃく。

争《あらそ》いに勝《か》つ者《もの》、敗《やぶ》れる者《もの》。あらら、パイナップルがまるごと、草《くさ》むらに落《お》ちていますよ。

さわぎのまっ最中《さいちゅう》に転《ころ》げたのでしょう。だけど、気《き》づく者《もの》なし……。

レノン、来年《らいねん》もまた、敬老会《けいろうかい》で主役《しゅやく》をつとめてね。約束《やくそく》だよ。

「グッグッ」

「ウッウッ」

ほら、今日《きょう》も熊本《くまもと》サンクチュアリはにぎやかです。

来年《らいねん》も、みんなでお誕生会《たんじょうかい》、敬老会《けいろうかい》をむかえられますように。

わたしは秋《あき》の空《そら》を見上《みあ》げて、そう願《ねが》わずにはいられませんでした。

おわりに

ある朝《あさ》、新聞《しんぶん》を開《ひら》いたわたしの目《め》に、かわいいチンパンジーの顔《かお》がとびこんできました。「なになに、動物園《どうぶつえん》のニュースかな?」

そう思《おも》って読《よ》んでみると、それはチンパンジーを、医学《いがく》のための動物実験《どうぶつじっけん》に使《つか》っていたという話《はなし》でした。

それだけでもおどろきですのに、役目《やくめ》を終《お》え、病気《びょうき》をかかえたチンパンジーを保護《ほご》し、世話《せわ》をする施設《しせつ》がある。その施設《しせつ》の名前《なまえ》は熊本《くまもと》サンクチュアリ。

これも、おどろきでした。

現在《げんざい》、熊本《くまもと》サンクチュアリでは、実験《じっけん》によって感染状態《かんせんじょうたい》にある子《こ》、また病気《びょうき》を発症《はっしょう》した子《こ》全員《ぜんいん》の完治《かんち》をめざして、スタッフ一同《いちどう》、奮闘中《ふんとうちゅう》だということ。

世《よ》の中《なか》には、ほとんどの人《ひと》が知《し》らない事実《じじつ》がたくさんあります。その事実《じじつ》のひとつを知《し》り、長《なが》い苦難《くなん》の歴史《れきし》をみんなに伝《つた》えられてよかった。わたしは、そんな気持《きも》ちでいっぱいです。

書《か》き終《お》えたいま、わたしは、熊本《くまもと》サンクチュアリの上《うえ》に広《ひろ》がっていた澄《す》んだ秋《あき》の青空《あおぞら》を思《おも》い出《だ》しています。

謝辞《しゃじ》

一冊《さつ》のノンフィクションを書《か》き上《あ》げるまでには、たくさんの協力者《きょうりょくしゃ》を必要《ひつよう》とします。

取材先《しゅざいさき》まで車《くるま》で案内《あんない》してくれる人《ひと》、写真《しゃしん》を撮《と》ってくれる人《ひと》たちもですが、なんといっても最大《さいだい》の協力者《きょうりょくしゃ》は取材先《しゅざいさき》のご本人《ほんにん》です。

今回《こんかい》も、多《おお》くの方《かた》たちのご協力《きょうりょく》をいただきました。

とくに熊本《くまもと》サンクチュアリ所長《しょちょう》の平田《ひらた》聡《さとし》さん、獣医師《じゅういし》の鵜殿《うどの》俊史《としふみ》さん、飼《し》育《いく》スタッフの森《もり》裕介《ゆうすけ》さん、野上《のがみ》悦子《えつこ》さんには、何度《なんど》も質問《しつもん》をお送《おく》りし、それに根気《こんき》よく応《おう》じていただきました。

また、膨大《ぼうだい》な量《りょう》の写真《しゃしん》の中《なか》から、掲載写真《けいさいしゃしん》を選《えら》んでいただくなど、多大《ただい》なるご協力《きょうりょく》をたまわりました。

取材《しゅざい》をささえてくださった熊本《くまもと》サンクチュアリのスタッフのみなさん全員《ぜんいん》にも感謝《かんしゃ》申《もう》し上《あ》げます。

みなさん、ほんとうにありがとうございました。

二〇二四年《ねん》　夏《なつ》

佐《さ》和《わ》みずえ

佐和みずえ
さわ・みずえ／一卵性双生児の作家ユニット。主な著書に、『コカチン　草原の姫、海原をゆく』（第35回読書感想画中央コンクール指定図書）、『スーパーのプリンセス』、『江戸の空見師嵐太郎』（第33回読書感想画中央コンクール指定図書）、『熊本城復活大作戦：地震から二十年かけて進む道のり』『すくすく育て！ 子ダヌキ ポンタ 小さな命が教えてくれたこと』など多数。

監修・取材協力・写真提供
京都大学野生動物研究センター
熊本サンクチュアリ

装丁
斉藤よしのぶ

静山社ノンフィクションライブラリー
いのちの楽園《らくえん》
熊本《くまもと》サンクチュアリより

2024年11月 6日　初版発行

作　者　佐和みずえ
発行者　吉川廣通
発行所　株式会社静山社
〒102-0073　東京都千代田区九段北1-15-15
電話 03-5210-7221
https://www.sayzansha.com
印刷・製本　中央精版印刷株式会社

Printed in Japan
ISBN978-4-86389-787-8